甘阳 主编

文化：中国与世界新论

*

八十七年

美利坚的创制（1776—1863）

田雷 著

生活·讀書·新知 三联书店

Copyright © 2024 by SDX Joint Publishing Company.
All Rights Reserved.
本作品版权由生活·读书·新知三联书店所有。
未经许可，不得翻印。

图书在版编目（CIP）数据

八十七年：美利坚的创制（1776—1863）/ 田雷著. —北京：生活·读书·新知三联书店, 2024.3 （2024.9 重印）
（"文化：中国与世界" 新论）
ISBN 978-7-108-07779-0

Ⅰ.①八⋯ Ⅱ.①田⋯ Ⅲ.①宪法－法制史－美国－1776-1863 Ⅳ.① D971.21

中国国家版本馆 CIP 数据核字 (2024) 第 008040 号

责任编辑	王晨晨
装帧设计	薛　宇
责任印制	卢　岳
出版发行	生活·讀書·新知 三联书店
	（北京市东城区美术馆东街 22 号 100010）
网　　址	www.sdxjpc.com
经　　销	新华书店
印　　刷	北京隆昌伟业印刷有限公司
版　　次	2024 年 3 月北京第 1 版
	2024 年 9 月北京第 2 次印刷
开　　本	880 毫米 × 1092 毫米　1/32　印张 7.5
字　　数	156 千字
印　　数	4,001－6,000 册
定　　价	60.00 元

（印装查询：01064002715；邮购查询：01084010542）

"文化：中国与世界"新论

缘　起

百年前，梁启超曾提出"中国之中国"，"亚洲之中国"，以及"世界之中国"的说法。进入21世纪以来，关于"世界之中国"或"亚洲之中国"的各种说法益发频频可闻。

但所谓"中国"，并不仅仅是联合国上百个国家中之一"国"，而首先是一大文明母体。韦伯当年从文明母体着眼把全球分为五大历史文明（儒家文明，佛教文明，基督教文明，伊斯兰文明，印度教文明）的理论，引发日后种种"轴心文明"讨论，至今意义重大。事实上，晚清以来放眼看世界的中国人从未把中国与世界的关系简单看成是中国与其他各"国"之间的关系，而总是首先把中国与世界的关系看成是中国文明与其他文明特别是强势西方文明之间的关系。二十年前，我们这一代人创办"文化：中国与世界"系列丛书时，秉承的也是这种从大文明格局看中国与世界关系的视野。

这套新编"文化：中国与世界"论丛，仍然承继这种从文明格局看中国与世界的视野。我们以为，这种文明论的立场今天不但没有过时，反而更加迫切了，因为全球化绝不意味着将消解所有历史文明之间的差异，绝不意味着走向无分殊的全球一体化文明，恰恰相反，全球化的过程实际更加突出了不同人民的"文明属性"。正是在全球化加速的时候，有关文明、文化、民族、族群等的讨论日益成为全球各地最突出的共同话题，既有所谓"文明冲突论"的出场，更有种种"文明对话论"的主张。而晚近以来"软实力"概念的普遍流行，更使世界各国都已日益明确地把文明潜力和文化创造力置于发展战略的核心。说到底，真正的大国崛起，必然是一个文化大国的崛起；只有具备深厚文明潜力的国家才有作为大国崛起的资格和条件。

哈佛大学的张光直教授曾经预言：人文社会科学的 21 世纪应该是中国的世纪。今日中国学术文化之现状无疑仍离这个期盼甚远，但我们不必妄自菲薄，而应看到这个预言的理据所在。这个理据就是张光直所说中国文明积累了一笔最庞大的文化本钱，如他引 Arthur Wright 的话所言："全球上没有任何民族有像中华民族那样庞大的对他们过去历史的记录。二千五百年的正史里所记录下来的个别事件的总额是无法计算的。要将二十五史翻成英文，需要四千五百万个单词，而这还只代表那整个记录中的一小部分。"按张光直的看法，这笔庞大的文化资本，尚未被现代中国人好好利用过，因为近百年来的中国人基本是用西方一时一地的理论和观点去看世界，甚至想当然地以为西方的理论观点都具有普遍性。但是，一旦"我们跳出一切成见的圈子"，倒转过来以中国文明的历史视野去看世界，那么中国文明积累的这笔庞大文化资本就会发挥出其巨大潜力。

诚如张光直先生所言，要把中国文明的这种潜力发挥出来，我们需要同时做三件事，一是深入研究中国文明，二是尽量了解学习世界史，三是深入了解各种西方人文社会科学理论，有了这三个条件我们才能知所辨别。做这些工作都需要长时间，深功夫，需要每人从具体问题着手，同时又要求打破专业的壁垒而形成张光直提倡的"不是专业而是通业"的研究格局。这套丛书即希望能朝这种"通业研究"的方向做些努力。我们希望这里的每种书能以较小的篇幅来展开一些有意义的新观念、新思想、新问题，同时丛书作为整体则能打破学科专业的篱笆，沟通中学与西学、传统与现代、人文学与社会科学，着重在问题意识上共同体现"重新认识中国，重新认识西方，重新认识古典，重新认识现代"的努力。

之所以要强调"重新认识"，是因为我们以往形成的对西方的看法，以及根据这种对西方的看法而又反过来形成的对中国的看法，有许多都有必要加以重新检讨，其中有些观念早已根深蒂固而且流传极广，但事实上却未必正确甚至根本错误。这方面的例子可以举出很多。例如，就美术而言，上世纪初康有为、陈独秀提倡的"美术革命"曾对20世纪的中国美术发生很大的影响，但他们把西方美术归结为"写实主义"，并据此认为中国传统美术因为不能"写实"已经死亡，而中国现代美术的方向就是要学西方美术的"写实主义",所有这些都一方面是对西方美术的误解,另一方面则是对中国现代美术的误导。在文学方面,胡适力图引进西方科学实证方法强调对文本的考证诚然有其贡献,但却也常常把中国古典文学的研究引入死胡同中,尤其胡适顽固反对以中国传统儒道佛的观点来解读中国古典文学的立场更是大错。例如他说"《西游记》被三四百年来的无数道士和尚秀才弄坏了",认为儒道佛的"这些解说都是《西游记》的大敌",但正如《西游记》英译者余国藩教授所指出,胡适排斥儒道佛现在恰恰成了反讽,因为欧美日本中国现在对《西游记》的所有研究成果可以概观地视为对胡适观点的驳斥,事实上,"和尚,道士和秀才对《西游记》的了解,也许比胡适之博士更透彻,更深刻!"。

同样,我们对西方的了解认识仍然远远不够。这里一个重要问题是西方人对自己的看法本身就在不断变化和调整中。例如,美国人曾一度认为美国只有自由主义而没有保守主义,但这种看法早已被证明乃根本错误,因为近几十年来美国的最大变化恰恰是保守主义压倒自由主义成了美国的主流意识形态,这种具有广泛民众基础而且有强烈民粹主义和反智主义倾向的美国保守主义,几乎超出所有主流西方知识界的预料,从而实际使许多西方理论在西方本身就已黯然失色。例如西方社会科学的基本预设之一是所谓"现代化必然世俗化",但这个看法现在已经难以成立,因为正如西方学者普遍承认,无论"世俗化"的定义如何修正,都难以解释美国今天百分之九十以上的人自称相信宗教奇迹、相信上帝的最后审判这种典型宗教社会的现象。晚近三十年来是西方思想变动最大的时期，其变动的激烈程度只有西方17世纪现代思想转型期可以相比，这种变动导致几乎所有的问题都在被重新讨论，所有的基本概念都在重新修正，例如什么是哲学，什么是文学，什么是艺术，今天都已不再有自明的答案。但另一方面，与保守主义的崛起有关，西方特别美国现在日益呈现知识精英与社会大众背道而驰的突出现象：知识精英的理论越来越前卫，但普通民众的心态却越来越保守，这种基本矛盾已经成为西方主流知识界的巨大焦虑。如何看待西方社会和思想的这种深刻变化，乃是中国学界面临的重大课题。但有一点可以肯定：今天我们已经必须从根本上拒斥简单的"拿来主义"，因为这样的"拿来主义"只能是文化不成熟、文明不独立的表现。中国思想学术文化成熟的标志在于中国文明主体性之独立立场的日渐成熟，这种立场将促使中国学人以自己的头脑去研究、分析、判断西方的各种理论，拒绝人云亦云，拒绝跟风赶时髦。

黑格尔曾说，中国是一切例外的例外。近百年来我们过于迫切地想把自己纳入这样那样的普遍性模式，实际忽视了中国文明的独特性。同时，我们以过于急功近利的实用心态去了解学习西方文明，也往往妨碍了我们更深刻地理解西方文明内部的复杂性和多样性。21世纪的中国人应该已经有条件以更为从容不迫的心态、更为雍容大气的胸襟去重新认识中国与世界。

承三联书店雅意,这套新编论丛仍沿用"文化:中国与世界"之名,以示二十年来学术文化努力的延续性。我们相信,"文化"这个概念正在重新成为中国人的基本关切。

甘　阳

2007年中秋于杭州

一个新世界,需要一种新政治科学。

　　——托克维尔,1835

每一部宪法背后,都有一部史诗。

　　——罗伯特·卡沃,1983

目录

前　言　如何理解"漫长的建国时刻"？　1

第一章　讲述"我们人民"
　　　　宪法、时间性与宪政叙事的生成　23

第二章　摸着"宪法"过河
　　　　论麦迪逊作为"宪法之父"的两种身份　75

第三章　第二代宪法问题
　　　　在国父与国子之间　117

第四章　"合众为一"
　　　　林肯与早期宪法史的终结　169

参考文献　223
致　谢　229

前 言

如何理解"漫长的建国时刻"?

一、"漫长的"

"漫长的建国时刻",上起 1776 年,下至 1863 年,历时 87 年之久,在美国的政治纪元内,不可谓不漫长。

1776 年 7 月 4 日,"时间开始了"。历史见证,这一日,北美的大陆会议向全世界发出《独立宣言》,宣告原英属北美的 13 个殖民地脱离帝国母体,从此成为了"自由和独立的诸邦"。追根溯源,这是一个民族的诞生之初,7 月 4 日也因此被定为美国的国庆日。

破而后立,这个新生的共同体自此上下求索。1787 年之夏,在费城会议上,革命者以"我们人民"之名,不仅为自己,也为子孙后代,制定了一部成文宪法。新的联邦政府在 1789 年开始运转,"党争"此起彼伏,建国者们摸着"宪法"过河,探索国家的长治久安之道,他们为之奋斗的,是要让这个立宪共和国延续下去,传诸后世。

作为一段具体的历史进程,"漫长的建国时刻"结束于 1863 年。选择这个时间节点作为建国的完成时,是为了向林肯致敬，最大程度地释放葛底斯堡演说的宪制意义。1863年11月19日，在葛底斯堡的战场上，林肯总统作完这篇只有272个单词的演说，用时不过两分钟，而这短短的两分钟之所以名垂青史，并非因为这是一篇演讲与口才的范文，而是因为林肯于演说中指出了美国历史前行的方向。进入美国宪法史的脉络，葛底斯堡演说可谓关于建国以来宪法若干历史问题的决议。它终结了一个旧时代，新的宪制秩序也奠基于其中。

故此，"漫长的建国时刻"在美国历史的坐标系中，对应的就是建国87年来的进程。用这个概念为美国宪法史分期断代，并不是我们今天拍脑袋的发明，而是尊重并忠诚于既成历史的结论，它所根据的，首先是林肯对美国宪制大事因缘的判断，是林肯对其所继承的宪制秩序的阐释。在葛底斯堡演说开篇，林肯追溯建国往事，革命先辈创建新国，距"今"正是"八十又七年之前"（four score and seven years ago）。在此意义上，"漫长的"，亦即前后长达87年的历史跨度，包含着一个林肯视角，一段从华盛顿到林肯的宪制往事也蜷曲于其中。

"漫长的"，作为一种宪制史观的提出，所要批判的是费城奇迹论。费城会议纵然建国兄弟云集，回到历史现场，一部宪法的诞生在当时也堪称"奇迹"。但美国的建国大业绝不是毕其功于费城一役的。说起立宪政治，"1787年之夏"只是一个开端而已，如麦迪逊在《联邦党人文集》中所言，代表们拿出的只是一部宪法的草案，而这部宪法的命运究竟如何，连同费城故事应该怎么讲，尚且要听历史的下回分解。

数年前坊间流行过一部推销民主的"他山之石":《民主的奇迹:美国宪法制定的127天》。作为一本讲述费城制宪的故事书,这本书不可谓不动人,在美国属于影响数代人的大众经典,但译介到国内时,原书名 *Miracle at Philadelphia*(《费城奇迹》)却被改为《民主的奇迹》。这一处调整,微言大义:似乎只要有了"民主",127天就能生长出奇迹。我们紧扣"漫长的"这一时间尺度,就是反对上述"短平快"的127天奇迹说。就定义而言,判断一个国家是否有宪制,首先要衡量其政治生活中是否形成了轻易不可变的根本规范,这也就意味着任何宪制的确立都要经过时间的历练,也要经得起时间的检验。大国宪制,要做到寓多元于一体,更是不可能速成。故此,要理解美国宪制,只讲述费城那些事,只读《联邦党人文集》,是远远不够的。从华盛顿到林肯,从建国到重建,从1776年到1863年,美国的早期宪法发展构成一个整体的历史视野——若是没有总揽全局的历史感,研究者贪恋一域,探索就很容易变成盲人摸象。

为过往分期,为人事断代,这是我们进入历史的方法。在这前后长达87年的历史进程中,宪法搭台,党争唱戏,以政治家的代际轮替和交接为线索,我们可以区分前后相继的三代人,也可以由代际之别来划分三个历史阶段。在这里略作交代。

第一代就是宣布"时间开始了"的"建国兄弟们"(Founding Brothers),他们是美国革命的亲历者,也是林肯口中的"我们的先辈"(our fathers)——距其87年之前创造新国的国父们。就革命建国的军功而论,第一代的领导核心非华盛顿莫属,而单就起草宪法这一伟业而言,总设计师则是麦迪逊。建国之道,亦武亦文,看过《华盛顿渡河》这幅油画我们就能知道,将军站立船头,革命军人雄赳赳,气昂昂,战争结束后就是立宪,在费城会议的舞台上,真正的操盘手是来自弗吉尼亚的小个子麦迪逊,1787年,他只有36岁,但历史却步入了"麦迪逊的时刻"。这就是第一代,他们发起了一场革命,制定了一部宪法,创造了一个国家,革命者、制宪者、建国者在他们身上是三位一体的。

第二代起始于1825年,这一年,看似平淡无奇,无大事可记,但在"漫长的建国时刻"的视野内,却是至为关键的一年。这一年的3月4日,来自南方弗吉尼亚州的詹姆斯·门罗如期卸任总统,接替他的,是北方马萨诸塞州的约翰·昆西·亚当斯。门罗是亲历革命的第一代,回首独立战争的岁月,他曾侍从华盛顿鞍前马后;而小亚当斯却是一个名副其实的"第二代",不仅在宪制意义上,从血统来论也是——亲历革命的,是他的父亲、美国第二任总统约翰·亚当斯。如是说,以1825年为时间节点,美利坚民族进入了宪制的新时期——第二代政治家登上宪法舞台,成为国家的掌舵人。

在代际轮替的脉络中,第二代有这一代的专属:回首过去,他们是生而为美国人的第一代。这一代的弄潮儿基本都出生在1776年之后,他们是星条旗下的蛋,这一点前无古人;展望未来,再有一年就是独立五十年庆,第二代的登场,与第一代的退场是交错而行的。在此意义上,第二代在宪法舞台上的任务可以一言蔽之:建国者已逝,作为接班人该怎么办?这是后无来者的新形势和新任务,第二代在属于他们的历史关头如何选择，这一代人举什么旗，走什么路，将决定美国建国宪法的未来。亨利·克莱、约翰·卡尔霍恩、丹尼尔·韦伯斯特，史称第二代的"伟大三杰"（the Great Triumvirate），在立宪政治的谱系内，他们也被称为"建国者的继承人"（Heirs of the Founders）。在"漫长的建国时刻"，第二代所做的，就是继往开来。

第二代登场之初，正是告别的岁月。《独立宣言》半个世纪后，建国一代的兄弟们早已走到人生边上。考诸美国国史，真正奇迹的时刻不在1787年之夏，而是1826年的7月4日——这一日，是美国独立五十年庆典的大日子，就是在这一日，托马斯·杰斐逊和约翰·亚当斯先后辞世。1831年7月4日，又是一个国庆日，詹姆斯·门罗去世——至此，美国前五位总统，竟有三位都在国庆日告别人间，一而再，再而三，死得何其光荣！将建国一代人最终送上神坛的，不是人生在世时所建立的丰功伟业，令他们不朽的，是他们的告别！也许，世人此时已将目光投向弗吉尼亚的老麦迪逊，从1828年开始，他就是唯一还活着的费城会议代表——别的人都死了，他还活着。如他自己在信中感叹：我"活得比我自己还要长"。最终，1836年6月28日，还差一周就能等到独立六十年，麦迪逊见杰斐逊去了——此时已到新一代军功总统安德鲁·杰克逊执政的末尾。

也是在这个继往开来的阶段，林肯来了——等到1861年，美国宪法将步入林肯时刻。但此时，林肯还只是西部乡野的一个年轻人，刚开始律师执业，志在四方却一无所有。这个粗鄙的边疆青年，高个子、大耳朵、满头凌乱黑发，连正规学校都没读过几天，没有人会想到他才是共和国命运的天选之子（Founder's Son）。但只要打通"漫长的建国时刻"87年的历史，就能发现，林肯并不是在1861年才从天而降，然后天降大任，担负起可以比肩华盛顿的历史任务。他在美国历史上的登场，应提前至第二代春秋正盛的1838年。林肯当时尚且不满而立之年，但一出道即光芒四射。

在一篇题名为"我们的政治制度永世长存"的演说中，林肯讲出了他们19世纪新一辈所肩负的使命：革命那代人是"一片橡树林"，曾"高耸入云"，但"无声的时光"却消耗了他们，"飓风过后……终于倒下去，化为乌有"，在建国者"与世长辞，深受哀悼"的历史阶段，"我们的任务仅仅是，要将国土和政治大厦传诸千秋万代"。如是观，林肯在政治上生而伟大，未及而立之年就捕捉到美国立宪政治所面对的根本问题，在此意义上，直到葛底斯堡演说，总统先生还是在和年轻时的自己对话。演说所追问的，是由我们的先辈所创设的、地不分南北的立宪共和国能否长存，而最终，他也为此献出了自己的生命，以此解决并回答了这一贯穿87年的宪制问题。回到"漫长的建国时刻"的脉络，生于1809年的林肯代表着第三代。

概括前述的三代划分：第一代（1776年至1825年）、第二代（1825年至1852年，亦即第二代的"伟大三杰"人生全部谢幕时）、第三代（1852年至1863年或者1865年林肯遇刺）。严格来说，这三代的划分谈不上工整，暂时也没有考虑代际必然存在的交叠，目前的思路——如果还有思路可言的话——仍是以林肯为背景。在前述的1838年演说中，青年林肯提出了立宪共和国必定都要面对的政治难题：距离建国时刻越遥远，关于革命的历史记忆就会越淡薄。林肯抚今追昔，上述三代的代际之别隐藏着林肯对建国的历史叙述，这一叙述是根据每一代同革命时刻的距离等差而划定的：第一代，独立战争曾是革命者之"所见"；第二代，在革命者逝去后，那场战争对当下的人就变成了"所闻"；第三代，这些"所闻"还会进一步淡化，在后来者那里成为"所传闻"。

人事有代谢，往来成古今。上述三代的人和事，共同构成了这"漫长的"87年。

二、"建国"

"漫长的"，隐藏着一种林肯视角，如他在葛底斯堡的战场上追溯国史，自国父当年初创新国，至"今"已87年有余。按照同革命的心理距离远近，这段历史行程错落有致，三代人各就各位，前后相继。不仅如此，"漫长的"，也意味着这段历史行程是连续的，要有某个"初心"，跨越代际而传承，将这段历史连而续之。换言之，虽然每一代人都各自肩负其历史使命，但三代人之间并不是互相为战，他们有着一以贯之之共同追求，同时也是因为朝向这个目的的奋斗，三代人才构成了同一个"我们"，这87年的历史行程才成为一个完整并连续的历史阶段。

美利坚是一个"合众国"，这个"合众国"又是一个宪法共同体——当初新国之立，就是通过一部成文宪法将诸邦结合在一起,简言之,"合众"本身就是一个宪法过程。故此,在美国早期宪法史上,"建国"问题始终是这个新生国家最根本的宪制问题,"国"的探索和"法"的解释在此历史阶段也是交织在一起的:要回答"合众国"到底是何种性质的共同体——是一个统一不可分割的国家,还是各地方仍保留最终主权的联盟,关键在讲清楚从1787年至1788年的立宪功业。要回答,制宪者当年所创制的到底是什么:"国"是什么国,"法"是什么法。美国的"建国",原本就是一幅宪法故事的长卷。

遥想费城当年,制宪者们起草宪法,当然没什么无知之幕,并不是集体退回到自然状态,商讨一部社会契约。费城会议所提议的联邦宪制,说到底是在共同体生死存亡之际逼出来的解决方案,可以说是不得不如此的"必要之法"。身处"不入伙,就等死"(Join, or Die)的地缘政治格局,北美诸邦必须联合起来,通过一部宪法实现它们的"合众为一",这是1787年制宪者所面临的危局及其肩负的使命。

稍做一点历史纵深的回顾。独立战争的第一枪在1775年打响,八年战争于1783年结束,自家门口的强敌一消失,战时捏合而成的邦联体制马上就现出原形。要知道,独立战争所争取的,从来都不是一个"合众国"的独立,《独立宣言》的羊皮卷本印着它的英文全称:The unanimous Declaration of the thirteen united States of America。别放过细节,其中的"united"是一个小写,作为前置的形容词,它的意思只是13个邦联合起来宣布各自的独立:从前我们是隶属英王的13个殖民地,现在开始自己做主人,变成"自由且独立的诸邦"。

在此意义上,《独立宣言》是一部战略优先的外交文件,协调13个邦国宣告独立的时间点,使之步调一致。

从此独立时刻起,北美大陆即进入"列国"格局。将独立后的各邦联系在一起的,是在1781年生效的《邦联条例》。分析《邦联条例》即可发现,无论邦联的构成、日常决策和运转还是《条例》修改程序,所谓邦联(Confederation),不过是各邦之间的联合体,在邦联框架内,"每一个邦仍保留其主权、自由和独立"(《邦联条例》第二条)。邦联虽号称"The United States of America"(《邦联条例》第一条),此处的"United"已改为大写,但不能顾名而思义,此时的"United States"还没有凝聚为一个"合众国"。从构词法上讲,它更接近于今天的"United Nations(联合国)",指的是在北美出现了一个邦国联合。所以说,"邦联"是一个典型的多头结构,它没有政府可言,唯一的常设机构"Congress"此时还不叫"国会",充其量只是各邦议事的协调机构。正是这种软弱的多头结构,导致了邦联对内无法节制各邦,对外无力抗拒欧洲强权。邦联的失败,尤其是各邦之间剑拔弩张,内部战争的阴云笼罩北美大陆东侧,使得变革成为政治必需——"穷则变",可以说这是美国1787年制宪的背景和理由。

但能否"变则通",关键要看以华盛顿为首的革命军功领袖,他们能否第二次挺身而出,在宪制结构上推进各邦的大联合,终结战后出现在北美大陆东部的列国格局,将多头"邦联"凝聚成一个"合众国"。就此而言,建国如要迈出成功的第一步,首先就要革《邦联条例》的命,取而代之以一部全新的宪法，寓诸邦为一体，即为建国。若是说费城真有奇迹，那神奇的一刻就是会议代表们做到了：经过一个酷暑的激烈辩论，他们真的拿出了宪法的草案，呈邦联会议转发各邦分头审议——按草案第七条的要求，九个邦的批准即可使新宪法生效。只要我们将起草和批准两个阶段连在一起，那么费城宪法的诞生，就是一段"九邦新造"的政治过程。"新"在何处呢？邦联只是一个联合体，在邦联时代，各邦还是联盟中的独立邦国，但任何一邦，只要做出同意宪法草案的意思表示，就意味着这个邦自愿放弃此前的完整主权，在宪法生效后，它将成为联邦共同体内的一个州。也就是说，在新宪法生效、新联邦政府开始运转后，"合众为一"的宪制过程就完成了它的第一阶段。1787年的革命性，建国宪法对邦联体制的扬弃，也就表现在这里。别忘记，根据宪法序言，制定这部宪法的，是大写的"我们人民"，而不是"我们各邦"。

但问题在于，费城制宪不是在一张白纸上画最美的图画。新联邦宪制并不是任何欧式政治理论在美国的翻版，非要追究，宪法之父麦迪逊在《联邦党人文集》第10篇中所论述的"广域共和"，恰恰是对欧洲古典学说的一种反动。既然宪法是逼出来的，是不得不如此，真正决定宪制方案的，就不仅有原则，还要看妥协。各邦参差多态，宪法则要一体适用；若要让宪法成为最大范围的共识，以一体包容多元，要让大邦和小邦、南方和北方、奴隶制和自由制都能团结在同一部根本法之下，就必须做妥协，在原则问题上让步，必要时，甚至是大踏步地后退。保护奴隶制即为一例，虽然后世视之为建国的原罪，但若没有当初这一妥协，南方诸邦就绝无可能入伙联邦。在此意义上，必要的妥协，原本就是立宪时刻的一种常态，为政治团结和宪制稳定所必需。在此，我们若抛开费城会议进程中的是非曲直，只看结果，那么结论就是，这部建国宪法形成于妥协，因此其文本内部也包含着妥协。换言之，这一立国文本并不是纯粹的，而是混杂的，文本内即有在统一中对立的矛盾。举个例子，1787年宪法正文共七条，记载了国家主义的胜利，写入了联邦党人的立国纲领；但随后在1789年一揽子增补的前十条修正案，却是州权主义的自卫反击，堪称反联邦党人的败部复活。美国学者有所谓"两次建国"之说，指的就是这一正一反，一进一退，它们几乎不分先后地共生在制宪的源头。在此意义上，1787年虽然是一个新开始，是立宪元年，但它并没有也不可能截断历史，联邦党人谈不上一路高歌猛进，旧邦联的基因还在新宪法体内有所保留。一言以蔽之，妥协，就意味着新宪法并未将联邦党人的革命及其立国方案贯彻到底，这次建国有其不彻底性，它介于革命和保守之间。

因为1787年立宪建国的不彻底性，新宪制呈现为一种"混合政体"，它虽然号称"联邦"，但没人知道新"联邦"到底是什么，路在脚下——也许，这是所有伟大的创制者都要面对的问题，他们正在创造着前无古人的事业，他们创造的，是字典里没有的东西，实践在这时走在了表达的前头。既然发生了革命，就意味着这个被称为"联邦"的宪制是新的，它构成了对旧邦联框架的否定；但无妥协也不足以立宪，新宪制不是任何国家原理的简单套用，麦迪逊一开始的宪制方案经历了一次次的妥协，早已面目全非。新与旧同在，这个"联邦"宪制也就成了麦迪逊所说的"复合体"。时人不知道它是什么，只知道它不是什么，它不再是邦联，但又够不上完成式的国家——要等到林肯及其身后的宪法第十四修正案，联邦是什么才在政治上盖棺论定。在此之前，建国仍在进行时。

问题因此出现，在漫长的建国时刻，虽已"合众为一"，但却未能"定于一"。也就是说，新宪法已将各邦凝聚成一个"合众国"，但这个聚合而成的"合众国"作为"一"当如何解释，却成为立宪之后最根本的宪法问题。"United States"这个宪法共同体，它是单数，还是复数？形态是一体（United），还是多元（States）？在建国之初都是悬而未决的。与之相关，"我们人民"制定了这部宪法，但"人民"在哪里？这个政治主体是否已经夷平了列国时代的州界疆域，还是说仍要以所在州为代表单位？1787年宪法又是什么？是一个国家的根本法和高级法，还是各州之间的合约？进而，谁是这部法律最终的权威解释者？是作为联邦机构并因此代表全体的最高法院，还是作为合约订立方的各州？在漫长的建国时刻，这些宪制问题从未有过统一的标准答案，也找不到可定于一尊的回答。原因很简单，在建国宪法秩序内，这些问题本身就是无解的。追根溯源，后世分歧的种子，早在制宪时刻就已经埋下。为什么麦迪逊作为宪法之父，既在费城之后写作《联邦党人文集》，为宪法所构建的广域共和正名，又在十年后摇身一变，执笔《弗吉尼亚决议》，笔锋直指联邦暴政？就此，学者有"两个麦迪逊"之说，从国家主义到州权主义的变动，在我们今天看来可谓翻天覆地，但置身建国宪法秩序内，在麦迪逊那里不过是时移世异，宪法之父的抓手从"一方面"转向"另一方面"而已，是麦迪逊在不同政治时期的"两手"。

要理解建国宪法秩序，我们必须回到林肯之前，打开早已为林肯决断所闭合的政治空间。回到历史的现场，麦迪逊一人可以分饰两角，放宽历史的视野，麦迪逊的两个角色，恰恰分别代表着贯穿早期宪法史的两条路线。国家主义者作为联邦党人的传承，坚持1787年的革命性，在他们看来，费城宪法构建了一个不可分裂的国家，新宪制立基于人民主权，"我们人民"是跨越州界的一体，而解释宪法的最终权威归属联邦最高法院，不是因为其执掌司法，而是它代表全体。与之针锋相对的，是州权主义这一脉，他们继承的是反联邦党人。州权主义的学说又称"合约论"，因为他们将建国宪法理解成一部"合约"，故此主权在州，解释宪法的权威也在州。面对历史，州权主义者谨守1787年的保守一面。

站在一个半世纪后回望这段历史，政治上党争层出不穷，"一波还未平息，一波又来侵袭"，为了定分止争，或者摆平理顺，政治家求索建国宪法的真意，以建国者之法来回应并尝试解决当下的政治斗争。问题千万种，路线第一条，无论具体的政治斗争是围绕着国家银行、内陆基建、总统权力、奴隶制及其扩展抑或其他，归根到底是两条路线之间的斗争。换言之，只要路线之争还没有定论，那么处理具体的政策分歧，也就只能在不突破宪制框架的前提下寻求妥协。正因此，读美国史，内战爆发前最常见的，就是妥协。大妥协，小妥协，妥协套妥协……第二代政治家亨利·克莱，也是林肯的政坛偶像，就是一位"伟大的妥协者"（Great Compromiser）。妥协之所以伟大，就在于它通过延迟决断而延缓危机，让两条路线在建国宪制内相爱相杀、斗而不破，形成了一种以斗争求团结的宪法文化和传统。

但大危机却在步步逼近。林肯很早就预见到建国宪法可能上演的悲剧，如他在1858年所言：分裂之屋，难以自立（a house divided against itself cannot stand）——内在于建国宪法秩序内的传统分裂，仅靠宪法解释的文意修辞，无论多么天才，最终也无法自圆其说，究竟谁对谁错，要在战场上兵戈相向。从1799年的"干预说"（interposition），到1832年的"废止说"（nullification），这些年间，只见州权主义者以南部州为基地，不断试探建国宪制所能容忍的分权极限；终于到了1860年，在林肯当选合众国第十六任总统后，蓄奴诸州迈出了跨越雷池的那一步，它们宣布"脱离"（secession），组成南部邦联。

接下来的故事，关键词是"内战与重建"，如林肯在1865年第二次总统就职演说中对四年前的回溯，"于是，战争来了"，一方要踢开宪法闹独立，挑起战争以灭国，另一方则以宪法之名镇压叛乱，为护国而应战，南北之间不再相爱，仅余相杀，路线之争终成南北战争。内战历时四年之久，合众国也成为了"受难的国度"，林肯受命于危难之间，在南北分裂之际阐释了国家主义的宪法路线。他既是建国传统的继承者，也是宪法变革的引路人。内战结束尚且不到一周，林肯总统就不幸遇刺身亡，但"有的人死了，他还活着"，在林肯身后，人民登场，修宪权启动，短短五年间，三条宪法修正案写入宪法，编号为十三、十四、十五，统称"重建修正案"。以第十四修正案为核心，所谓"重建"（reconstruction），在宪制结构上体现为再造共和，将国家主义的教义定于一尊，自此后，州权主义作为一种宪法路线灰飞烟灭。"定于一"之后，才可能"通则久"，如林肯在葛底斯堡演说中向国人及世人宣告，全民政府将"永世长存"。在立宪政治的逻辑里，合众国的宪制将生生不息；漫长的建国时刻，到此也告终结。

三、"时刻"

"时刻"，作为一个宪法学概念，我们对它并不陌生——只要读过美国当代宪法学家布鲁斯·阿克曼的《我们人民》多卷本，"constitutional moment"（宪法时刻）这个词想必会牢记在心。在中文学界以及公共思想领域，阿克曼的著作，自打有中译本起，便收获了一茬又一茬的读者，而"宪法时刻"的概念，也在漂洋过海后得以活学活用，一度成为改革派人士挂在嘴边的话语。

回到20世纪80年代，当阿克曼教授动笔《我们人民》写作的宏伟计划时，向前看，举目可见美国宪法诞辰两百周年的大日子。在此背景下，如何叙述这部立国宪法在两百年历史进程中所走过的道路，这不是阿克曼一个人的问题，而是笼罩整整一代美国宪法学者的问题。当时的美国如日中天，美国宪法作为一种政治创制更是令全世界叹为观止——作为人类政治社会的第一部成文宪法，它竟能够延续两百年，且在此过程中保持着文本的高度稳定。似乎美国万变，但却万变不离其宗，这个"宗"就是美国宪法。也因此，宪法学家当年在美国以至于全球都是风头无二，他们开始以宪法为方法，指点全球江山——历史已经终结，美国宪制模式指明了未来的方向，所以，转轨吧！首版于1991年的《我们人民》第一卷即《我们人民：奠基》，可谓是恰逢其时，阿克曼近年以夫子自道，承认自己当年是乐观的胜利论者：两百年弹指一挥，美国宪法的第三个世纪，一定又是一段胜利的总记录。三卷本写作展开时，阿克曼心头万语千言，但付诸笔端，他首先提醒读者，《我们人民》讲述的是美国故事，其中的道路自信和理论自觉仅限于合众国这个宪法共同体："美国是一个世界大国，但它是否有能力理解它自己？时至今日，它是否还满足于自己作为智识上的殖民地，借用欧洲的概念来破译自己民族身份的意义？"[1]在此问题意识下，阿克曼所言的"宪法时刻"，归根到底是美国宪制的本土资源，是凝结美国历史经验后的一种学理表达；换言之，若是超出美国宪制的语境，宪法时刻的概念游移就可能导致严重的误用。

阿克曼认为，美国建国者所创设的宪制，尤其是三权分立的日常运转，使其成为一种所谓"二元民主"的体制。再通俗些说，美国宪法设计了一种双轨政治：第一轨，阿克曼

---

[1] Bruce Ackerman, *We the People: Foundations*, Harvard University Press, 1991, p. 3.

称之为"常规政治"(normal politics),顾名思义,这种政治是常态的、日常的、常例的;第二轨则是所谓的"高级法创制"(higher lawmaking)或称"宪法政治"(constitutional politics)。这一轨在概念上与"常规"相对立,故而是反常的或者例外的,也正是这第二轨,在《我们人民》的历史叙述部分,对应着美国宪法发展中的"宪法时刻"。按照阿克曼的定义,所谓宪法时刻,就是当政治陷入某种危机时,人民被唤醒,自觉登上政治舞台,开始严肃思考国家的前途命运问题,对"国家未来向何处去"进行范围广、程度深的论辩和审议。通常在经历若干轮次的选举后,人民用选票做出选择,政治家,特别是在选举日接连获得多次压倒性胜利的总统,也因此宣称得到人民的授命。是时候做出改变了,于是制宪权/修宪权启动,宪法作为政治生活的根本规则在此阶段得到创制/变革。美国宪法两百年,而阿克曼钦点的宪法时刻只有三次,依次是1780年代由联邦党人所主导的"建国",1860年代共和党人推动的"重建",以及20世纪30年代在罗斯福及民主党人领导下的"新政改革"。根据阿克曼的阐释,这三次宪法时刻,每一次都是国家政治的"大转型",就变动程度而言,远非"常规政治"所能及,但同时,改革者也没有把旧世界打个落花流水,因此算不上"完全革命"。阿克曼阐释美国的道路自信,认为美国宪制的成功经验就在这里:建国者没有走上不断革命的不归路,而选择在"我"这一代春秋正盛的岁月,用作为根本法的宪法将革命初心表达出来,实现了革命的宪法化。而在建国一代人的政治图景中,立宪又不是彻底告别革命,美国宪法在其制度框架内预设了人民登场的机制，自此后，革命找到了一种法制化的路径，就是修宪。在此意义上，"宪法时刻"的叙述打破了两百年超稳定的神话。经历三次宪法时刻，意味着美国的宪制历程是"一部宪法，三种政体"，现代宪法解释的根本任务就在于"通三统"，亦即在建国、重建和新政三种宪法传统中进行"代际综合"。

以上所述，希望能在有限篇幅内把阿克曼的真传讲清楚，使读者不必埋头在《我们人民》的大部头里，也能对阿克曼的"宪法时刻"论有一个大致把握。当然，作为中国的美国宪法研究者，我们必须认真对待美国同行的经典论著，保持谦虚谨慎的学风，首先要学会和阿克曼们一起思考；但精准复述，却不应成为我们的终极目标，即便是面对同一个研究对象，"横看成岭侧成峰"，研究者的立足点不同，也会有"远近高低各不同"的观察。如是说，中国学者用中文研究和书写美国宪法史，注定也要长出点中国特色，鹦鹉学舌太久，就会变成邯郸学步，在美国宪法研究的领域，"中国特色"从来不是要或者不要的问题，根本挑战在于怎么做，有没有做下去的勇气和能力。"漫长的建国时刻"的提出，就是和阿克曼一起思考并批评他的结果。

带上阿克曼打造的理论眼镜，观察美国宪法的两百年，起承转合可谓一览无余：建国、重建和新政，这三次宪法时刻，就是宪制发展地标意义上的三座高峰，其后则跟随着更漫长的常规政治阶段，是两端山峰之间的低谷。正是以第一卷提出的这一整套理论为指导，阿克曼在1998年完成了《我们人民》系列的第二卷，在大胆假设之后，开始小心求证。

第二卷（《我们人民：转型》）志在重述整部美国宪法史，全书共分三篇，分别聚焦建国、重建和新政这三次宪法时刻，而"Transformations"（转型）一词打头，也串联起这三个历史阶段在一部通史内的逻辑关系。一言蔽之，美国宪法的两百年历史进程，在阿克曼笔下之所以能融会贯通，就在于其在一部成文宪法的长卷之内容纳了三次宪制之变，或者说，正是发生于宪法时刻的宪制之变，才构成美国宪法长卷得以徐徐展开的动因。故此，宪法史就可以化繁为简，浓缩为聚焦于三次宪法时刻的高峰史。在阿克曼的逻辑中，这里的删削恰恰构成了某种去伪存真，丝毫不会影响《转型》一卷在历史叙述上的完整和贯通。而落实到本书所处理的历史阶段，阿克曼的叙事也是一清二楚，构成接近一个世纪宪制发展之主旋律的，是从建国到重建的转型——亦即，建国和重建是一头一尾，两峰对峙，它们之间的关系就是"转型"。引用阿克曼同龄老友埃里克·方纳在其新书中的表述，所谓"重建"，就是第二次的建国（The Second Founding）。在此意义上，戴上"宪法时刻"这副眼镜，所能看到的就是危机、斗争和变革，也由此会顺理成章地忽视常态、妥协和守成，似乎这些更久长的日子不属于宪法史的视野，岁月悠悠，云淡风轻，无事可记。在《转型》这一卷中，阿克曼就从第一部分的建国直接跳到了第二部分的重建，似乎费城过后再无足观，建国所遗留的未解难题，都要交给一个"林肯"来收场。作为这一卷的译者，我刚查阅了书后索引，在建国之后，重建之前，那段前后跨越达半个世纪的历史却消失不见了，第二代的"伟大三杰"，从克莱、韦伯斯特到卡尔霍恩，竟无一出现在词条里，仿佛他们没有资格进入宪法名人堂。这一代围绕着建国宪法所做出的全部努力，都因身后的那场内战而付之东流，卑微到不值一提。内战成就了林肯，但也让第二代成为"垮掉的一代"，当我们惯于用"内战前"这个标签来概括他们时，他们就成为了在宪法史上没有名字的一代人。

"漫长的建国时刻"作为一个概念的提出，就是要检讨阿克曼以"宪法时刻"为焦点的"转型"史观。阿克曼所抓住的，不过"建国"这一头和"重建"这一尾，对于这长达87年的"漫长的建国时刻"，他只是在笔端浮光掠影，始终未能真正进入，与历史共舞。在本书中，我们将面对美国从建国到重建的历史全程，较之史学通说，这种处理拉长了建国的历史跨度，作为一种新的断代方法，甚至打破了美国本土国史研究的分期规范。但之所以要标新立异，是因为作为可供我们观察的历史行程，这段跨越三代的87年构成了一段宪制"通史"——所谓"通"，如前所述，从建国到重建，三代前后相继，建国一以贯之，在法规范意义上是连续贯通的，就宪制发展而言，则是层累叠加的。阿克曼从建国到重建的两阶段叙述，通在"转型"，讲的是变法的道理；而"漫长的建国时刻"增补为三代叙事，通在"建国"，讲的道理在于守法：在革命之后，如何守护由革命者留下的建国宪法？关于这个问题的探索和回答，构成了美国内战前宪制发展的真正连续性。

归纳为一句话，就是"千万不可遗忘第二代"。这一代在宪制叙事中的出场，不只是增加了新材料而已，还在某种意义上扩展了宪制研究的容量，让学者回归研究者的本位，改变每当谈论宪制问题时舍法求变的心态。故此,本书提出第二代宪法问题:当建国兄弟们逝去后,代际交替,第二代政治家首先要决定的,是如何对待建国者所确立的法律。在美国宪法史上,他们享有后无来者的机会,作为第二代,他们可以选择,可以对这部宪法说"不",可以将1787年宪法随同建国先贤一并埋葬。杰斐逊就曾详加论证,每一代人都应有本代人的宪法,故此每过19年,就要重新制宪。穿越回到林肯之前的宪法世界,到处都是现代宪法学教义解释不了的bug!前承麦迪逊一代的制宪,后接林肯一代的修宪,夹在先行者和后来人之间,第二代可谓无为而治——至少从1804年至1865年,宪法文本没有改动过一字;但历史的复杂也就在这里,在可以说"不"的时间窗口尚未闭合之前,第二代却没有将建国宪法推倒重来。于他们而言,无为,也是一种自觉的选择,是无为的作为。说到底,费城制宪之所以成为建国奇迹,而不是失败的遗产,真正的第一步,是由第二代人迈出的。更何况,他们并非真的无所作为,而是有所不为然后有所为。不为指的是他们没有颠覆,所为的则是沿着建国者开创的立宪道路奋力前行。美国宪法何以成为国家的根本法和高级法,何以追寻制宪者原意在宪法解释中成为必要和可能,何以尊重建国宪法成为一种普遍的社会心理结构,都离不开第二代在建国者逝去之后的所作所为。

行文至此,是时候结束这篇漫长的序言了。最后,还是回到林肯,我愿引用青年林肯在1838年的一段演讲文,为"漫长的建国时刻"做一小结:

让每个美国人,每个自由的热爱者,每一个子孙后代的祝福者,都以革命的鲜血起誓,决不丝毫违反国家的法律,也决不容许他人违反法律。如同1776年的爱国者以行动表明对《独立宣言》的支持那样,每一个美国人也要用他的生命、财产和神圣的声誉起誓,捍卫宪法和法律——让每一个美国人记住,违反法律,就是践踏父辈的鲜血,就是撕裂他自己的人格以及子女的自由。让每一位美国母亲,对在她膝上牙牙学语的婴儿,灌输对法律的尊重;让法律在小学、中学和大学得到讲授;让法律写进识字课本、缀字课本和历本;让法律在布道坛上布讲,在议会厅内宣讲,在法庭和法院中得到执行。简言之,让法律成为这个民族的政治宗教;让男女老少,富人穷人,各种语言、肤色和阶层的人们在法律的祭坛上献身,永不停息。[2]

2020年1月20日

---

[2] [美]亚伯拉罕·林肯:《我们的政治制度永世长存》,载[美]詹姆斯·麦克弗森:《林肯传》,田雷译,中国政法大学出版社,2016年,第106—107页。

第一章
讲述"我们人民"
宪法、时间性与宪政叙事的生成

制宪者已逝,但宪法长存。

——弗里德里希·道格拉斯[1]

如果您渴望知道我们宪法的精神,以及在从宪法得以确立至当下时刻,是什么政策主导着这个伟大的时代,就请您在我们的历史、我们的议会法案和日志中,而不是在"老犹太人"的讲道或"革命协会"的晚宴祝酒词中去寻求它们吧。

——埃德蒙·柏克[2]

〔1〕 Frederick Douglass, "The Constitution of the United States: Is It Pro-Slavery or Anti-Slavery?", Glasgow, Scotland, March 26, 1860.
〔2〕 [英]柏克:《法国革命论》,何兆武等译,商务印书馆,2010年,第41页。题记引文参考柏克原文,对商务版中译做了微调。

一、引言

1789年9月6日，法国大革命的现场，美国驻法大使托马斯·杰斐逊提笔写下一封长信，收信人是时在大西洋彼岸的费城宪法之父詹姆斯·麦迪逊。两年前，杰斐逊因身在法国而错过了费城会议，而在这封长信中，他所批判的正是这种为"我们人民"以及"子孙后代"立法的行为。[3] 杰斐逊认为，自治政府的原则要求每一代人都应有自己的宪法，任何跨越代际的统治都是一种祖先专制，此命题后来成为著名的"每19年革命重来"的"不断革命论"。有学者将杰斐逊的这封信称为第二次"独立宣言"：1776年的《独立宣言》宣告了北美13个殖民地脱离英帝国的宗主统治，这封信则是"时间性的独立宣言"，宣告了每一代人都可以独立于任何祖宗成法而自治，每一代人的政治都是一个新的

---

[3] 杰斐逊信的中译文，可参见〔美〕托马斯·杰斐逊：《杰斐逊选集》，朱曾汶译，商务印书馆，2011年，第478—484页。

开始。[4]

两百年后,美国宪制的发展否定了杰斐逊的命题。首先,1787年的原初宪法非但没有随着革命一代人的逝去而被埋葬,反而在保持文本基本结构稳定的前提下"活"到今天。历史并未站在杰斐逊这一边,反而是道格拉斯这位黑人逃奴概括出了宪法与时间之间的关系:"制宪者已逝,但宪法长存。"其次,如何解释这一部有着两百年历史的宪法文本,美国当下最具统治力的学说就是原旨主义的解释论。[5] 原旨主义者主张,宪法解释应当回归制宪者的意图或宪法文本的原初含义,而这又与杰斐逊的学说背道而驰。不仅如此,杰斐逊本人也不是杰斐逊道路的身体力行者,当1787年宪法施行19年之后,杰斐逊出任总统,但他却并未严肃思考过重开制宪会议,起草一部新宪法,或对原初宪法进行正当性的续期。

若只是以成败论英雄,宪法学有理由遗忘杰斐逊的命题。但本章以杰斐逊为引言,所要表达的就是,他虽然建构了一个现实政治永远无法实践的自治模式,但这个荒诞不经的答案却基于一个理论家应认真对待的问题。在学术研究中,提出好的问题通常比给定正确的答案更重要。如下文所示,宪法学者曾用不同的二元概念去概括杰斐逊命题所关切的政治生活的内在紧张,比如麦克尔曼所说的"法治政府"和"自

---

[4] Jed Rubenfeld, *Freedom and Time: A Theory of Constitutional Self-Government*, Yale University Press, 2001, p. 18.
[5] 关于原旨主义的实证研究,可参见 Jamal Greene, Nathaniel Persily & Stephen Ansolabehere, "Profiling Originalism", 111 *Columbia Law Review*, pp. 356-418(2011)。

治政府",列文森（Sanford Levinson）的"基本法理念"和"人民主权理念",鲁本菲尔德（Jed Rubenfeld）所区分的"时间延展的自治"和"活在当下的政治"。[6] 学者在建构理论体系时未必自觉地怀有杰斐逊情结,但他们的理论展开却有一个杰斐逊的语境,正因此,将杰斐逊作为引言有助于我们开启一种讨论宪政的新视野,这就是宪政的时间性问题。

认真对待杰斐逊的命题,原因尚不止于此。首先,杰斐逊并不是一个人在战斗,而是身处西方政治思想的一个脉络内。此脉络关注的是政治的当下性,即主权者意志在某个时刻的绽放,也因此忽略了政治的连续性,亦即成文宪法作为高级法的理念和实践。在晚近的宪法讨论中,如果说原旨主义是一种反杰斐逊命题的论述,那么与其并驾齐驱的活宪法说则保留了杰斐逊理论的火种。其次,历史虽然并未走上杰斐逊的道路,但这并不等于否定它的意义。两百年后,美国的原初宪法已经呈现种种病理,由此在近年来催生了一拨从根本上检讨美国宪政体制的学术声音,有学者甚至主张要重开制宪会议：只有另起炉灶制宪,才能实现革故鼎新,因此就有了"杰斐逊的复仇"说。[7] 还有一处应予指出的历史细节：比较宪法学者统计了历史上所有的成文宪法典,其平均

---

[6] 参见 Frank Michelman, "Law's Republic", 97 *Yale Law Journal*, pp. 1493–1538(1988); Robert McCloskey & Sanford Levinson, *The American Supreme Court*, University of Chicago Press, 2010; Jed Rubenfeld, *Freedom and Time: A Theory of Constitutional Self-Government*, Yale University Press, 2001.

[7] 有代表性的论述,可参见 Sanford Levinson, *Our Undemocratic Constitution: Where the Constitution Goes Wrong (And How We the People Can Correct It)*, Oxford University Press, 2006; Cass Sunstein, *A Constitution of Many Minds: Why the Founding Document Doesn't Mean What It Meant Before*, Princeton University Press, 2009。

寿命恰恰是19年！[8]难道这真是杰斐逊的诅咒？杰斐逊笑到了最后？

作为全书的理论引言，本章主要分三部分展开论述。第一部分沿着杰斐逊的思路，从时间性的维度追问什么是宪政，但答案却是反杰斐逊之道而行之的：宪政是一种跨越代际的自治政治，表现为当代人对写入宪法规范的"先定承诺"的信守。第二部分对信守先定承诺进行正当性的论证。为什么一时的制宪者可以制定出垂范千古的宪法？为什么21世纪的美国人还要受制于18世纪死去的白人男性有产者制定的宪法？就此而言，杰斐逊的幽灵挥之不去。在此问题上，自由主义宪政作为一种学说，其内部存在着根本的对立和紧张，本章的论述将借用社群主义与共和主义的理论资源，建构一种在时间维度内绵延的"我们"这个主体。在这种生生不息的共同体模式内，每一代人的肉身终将腐朽，代际的更替不可避免，但每一代人却在文化身体的意义上构成了一个单数的"我们"，而宪政的正当性也就建立在这一共同体的模式之上。第三部分将转入美国宪政的文化研究。先定承诺的正当性取决于共同体的文化建构，但若没有一种普遍分享的历史叙事，政治文化的共同体就无法形成。"每一部宪法背后，都有一部史诗"，[9]美国宪政实际上是一种"叙事宪政"。宪政故事构成了美国宪政实践的文化基础，培育了每一代人对宪法的认同、热爱和信仰，而信守作为先定承诺的宪法规范也因此成为美国人的公民宗教。就此

---

[8] Zachary Elkins, Tom Ginsburg & James Melton, *The Endurance of National Constitution*, Cambridge University Press, 2009, p. 2.

[9] Robert Cover, "Nomos and Narrative", 97 *Harvard Law Review*, p. 4 (1983).

而言，宪政之"活"，恰恰在于是否有能力去讲述一部宪法之内、之外、之间、之上、之前和之后的故事，在于是否有一种关于历史源头的共同叙述。

二、先定承诺的宪政

1. 杰斐逊及其语境

杰斐逊在写给麦迪逊的信中开宗明义，"一代人是否有权约束另一代人"，这是在大西洋政治世界未得到认真对待，但却事关"所有政府之根本原则"的问题。杰斐逊的论述起始于一个在他看来不证自明的命题："地球的用益权属于活着的人，死去的人对之既无权力，也无权利。"由此出发，杰斐逊构建了一种代际政治模型："让我们假定一代人全部出生在同一天，在同一天达到成年年龄，并且在同一天死亡，让接下来的一代人全体在此时刻进入成年。"在这种"代代公民如同游行方阵式同生同死"[10]的政治模型中，既然"地球总是属于活着的那一代人"，没有共同体可以去制定一部"永恒宪法"，而在代际交接之时刻，前一代人的宪法应当随着他们的肉体消失而自动失效，那么，杰斐逊的结论是，"在每19年终结时，每一部宪法和法律都将自然过期"，"如果宪法得到更长时间的执行，宪法就成为暴力的法律，而不是正当的法律——因此可以说，每一代人事实上都有其废止权，惟其如此才得

---

[10] 参见［美］史蒂芬·霍姆斯："先定约束与民主的悖论"，载［美］埃尔斯特、［挪］斯莱格斯塔德：《宪政与民主：理性与社会变迁研究》，潘勤、谢鹏程译，生活·读书·新知三联书店，1997年，第247页。

以自由,如同宪法或法律明文限定在19年"。[11]

杰斐逊的上述命题代表着政法论述由来已久的一个传统。与杰斐逊同期的潘恩就发表过异曲同工的论述:民主是当下人的自治,"是反对过去的战争"。潘恩反对柏克所主张的"1688年英国议会可以制定永恒法律"的观点,主张"在任何情形内,每个时代和每一代人都应当如它先前的那些时代和那些代人一样,有自主行动的自由"。[12]诺阿·韦伯斯特也曾写道:"制定永久宪法的企图就是设定了有权去控制未来世代的意见;我们对他们没有权力,正如我们对亚洲的一个民族没有权力,但却预设了我们有权为之立法。"[13]在这里,韦伯斯特用空间的位移去比拟时间的流转,既然在"空间位移"的场景内,美国人无权为同时代的亚洲某民族进行立法,那么在"时间流转"的场景内,1787年的美国人也无权为21世纪的美国人立法,否则就是"时间性的帝国主义"。[14]

杰斐逊晚年仍未改初衷,一直保持着革命派的本色。他在1824年的一封信中再次回到这个话题,"没有什么会永垂不朽"。首先,"造物主创造世界是为了活人,而不是为了死人","死人连物都不是。构成他们肉体的物质微粒现在已成

---

[11] 托马斯·杰斐逊:《杰斐逊选集》,第479、480、482页,引文参照杰斐逊原文对译文进行了微调。
[12] 史蒂芬·霍姆斯:"先定约束与民主的悖论",《宪政与民主:理性与社会变迁研究》,第228—230页。将杰斐逊和潘恩放在一起的讨论,参见 Gordon Wood, "The Radicalism of Thomas Jefferson and Thomas Paine Considered", in Gordon Wood, *The Idea of America: Reflections on the Birth of the United States*, Penguin Books, 2012, pp. 213–228。
[13] 转引自 Gordon Wood, *The Creation of the American Republic, 1776-1787*, University of North Carolina Press, 1998, p. 379。
[14] Alison LaCroix, "Temporal Imperialism",158 *University of Pennsylvania Law Review*, pp. 1329–1374 (2010).

为其他无数种动植物或矿物的主体"。既然肉体已经腐朽，那么原本附随于肉身的权力就不可能永存，而必须在代际流转之际将权力的接力棒交到新一代人的手中。杰斐逊的结论是，"除了不可让渡的人的权利以外，没有什么是不可改变的"。[15]

2. "活在当下"的政治及其批判

杰斐逊之所以认为每一代人都应有自己的宪法，代际交替要求宪法政治的从头再来，就在于他将共同体的政治生活进行了以"代"为单元的区隔。每一代人在时间进程中都构成了一个自给自足的单元，自治政府只能在此尺度内生长。不仅如此，各代人彼此之间还是相互独立的，在共同体内，第 $n-1$、n 和 $n+1$ 代人就如同中国人、美国人和德国人一样，相互间不存在政治继承关系。杰斐逊命题实际上否定了政治生活在时间进程中的连续性，每一代人都有自治的主权，正如每一民族都有自治的主权一样。再进一步，每一代人既没有过去，也没有未来，只是在时间历程中的一个独立片段或"绽出"。不断革命论主张每代人都要"遗忘"此前的政治传承，非如此不足以活出自我的新一代，所基于的就是这种"不念过去，不畏将来"的共同体模式。鲁本菲尔德将这种无限扩大政治生活之代际间隙的学说概括为"活在当下"的政治。

根据鲁本菲尔德的论述，活在当下的政治看似符合民主自治的抽象原理，政治的每一时刻都是崭新的，如同一次记

---

[15] 托马斯·杰斐逊：《杰斐逊选集》，第 705—706 页。

忆格式化后的重启，而此状态下的个人也是最"自由"的，因为没有记忆带给他的负担，所以最有能力追求偏好的最大化。但是，活在当下的政治是完全碎片化的，没有时间性，其每一刻都是一次旧的结束，同时又是一次新的开始。而在这种政治中生活的人既没有过去，也没有未来，有的只是一个又一个彼此分裂和独立的"当下""时刻"或"瞬间"。[16]

在活在当下的政治中，自由就是没有时间性的自由，所谓自由人不过是只知道此刻欲望的动物，或经济学中为当下偏好所俘虏的理性人，而不是共同体内的政治人，其自治也只是动物的欲望满足，而不是人类政治社会的民主自治。人之所以为人，就是因为不可能永远活在当下这个时刻。我之所以成为一个"我"，要求行为的连续性，不能简单地以今日之我去否定昨日之我。自治并不意味着当下偏好或欲望的统治，而是要求信守承诺。在时间的流转中，昨日之我、今日之我和明日之我是"同一个我"，既然无法完全活在当下，那么就要信守承诺，而不能仅服从于当下的欲望或偏好。

在此意义上，活在当下本身就是对政治可能性的否定，因为活在当下意味着政治生活已经失去了元规则。根据杰斐逊的学说，每经过19年就要重新制定一部全新的政治宪法，就是要求每一代人必须从政治国家退回自然状态，重新商定新的社会契约，形成最根本的共识。周而复始的推倒重来不是宪政。因此，正如私法学说不允许以当下的意思去推翻此

---

[16] Jed Rubenfeld, *Freedom and Time: A Theory of Constitutional Self-Government*, pp. 17–44.

前的承诺以及基于它的合理期待，民主自治所要求的也不是当下时刻的意志统治，而是对先定承诺的信守。正是先定承诺划定了当下之我们的政治决策的领域。宪法理论常说，宪政就是要将某些议题安放在政治决议的范围之外，但这种限制与其说是少数对多数的制约，不如说是一种历时维度内生成的有限政治，与其说是一种"反多数难题"，不如说是一种"反当下的难题"。[17]

3. 作为先定承诺的宪法

宪法规范是在时间维度内生成的先定承诺（pre-commitment）。宪法就是对先定承诺的书写，因此不可能是杰斐逊所预设的一代人尺度内的文件；而宪政就是对"先定承诺"的信守，呈现为一种跨越代际的自治工程。作为本章的核心概念，先定承诺的重点并不在于"承诺"，[18] 而在于"先定"："先定"意味着宪法是共同体在当下之前所形成的规范，意在构筑起未来世代之自治政治的基本框架。[19] 巴尔金（Jack Balkin）的新著《活的原旨主义》致力于调和"原旨主义"和"活宪法"这两种原本水火不容的学说，根据他的论述：

---

[17] 鲁本菲尔德对反多数难题在时间维度内的再阐释，可参见 Jed Rubenfeld, *Freedom and Time: A Theory of Constitutional Self-Government*, pp. 10–12。

[18] 关于宪法承诺的一般性讨论，即为什么写在羊皮纸上的宪法可以去约束掌握着枪杆子和钱袋子的政治力量，为什么多数派在宪法承诺不利于当下时仍选择服从，参见 Daryl Levinson, "Parchment and Politics: The Positive Puzzle of Constitutional Commitment",124 *Harvard Law Review*, pp. 657–746 (2011)。

[19] 关于先定承诺在社科以及政治理论中的讨论，参见 Jon Elster, *Ulysses Unbound: Studies in Rationality, Pre-commitment, and Constraints*, Cambridge University Press, 2000, pp. 88–174; Jon Elster, "Don't Burn Your Bridge Before You Come to It: Some Ambiguities and Complexities of Pre-commitment", 81 *Texas Law Review*, pp. 1752–1788 (2003)。

宪法的核心功能在于"设定政府的基本结构，让政治成为可能，并且创造一个未来宪法建设的框架"。[20]

先定承诺的最佳示例就是"尤利西斯自缚"的故事：为防止女妖塞壬迷人歌声的诱惑，尤利西斯提前在清醒时刻要求同伴将自己绑缚在船的桅杆上，同时用蜜蜡封住自己的耳朵。[21]美国19世纪的政治家约翰·波特·斯托克顿曾指出："宪法是锁链，人们在清醒时刻用以绑缚自己，从而防止在他们疯狂的日子里死于自杀之手"；经济保守主义的吹鼓手哈耶克也有过异曲同工的表述："宪法是清醒时的彼得对醉酒时的彼得的限制。"[22]而宪法学家桑斯坦也曾写道："宪法写入先定承诺，策略就是要去克服集体的短视或意志脆弱。"[23]

因此，宪法以及任何法律作为一种行为规范，都是在为未来立法。如果用"代"作为时间度量的基本单位，那么宪法就表现为前代人对后代人的约束，它必定不是一时一刻的政治，而需要在一种历时延续、跨越代际的政治生活中才得以展开。美国1787年宪法的序言就提供了一种跨越代际的叙事："我们合众国人民，为……保障我们自己以及子孙后代（ourselves and our posterity）得享自由之恩赐，特为美利

---

[20] "框架式原旨主义"的论述，参见 Jack Balkin, *Living Originalism*, Harvard University Press, 2011, pp. 21-23。
[21] 埃尔斯特曾在社科论域发掘出这个故事，参见 Jon Elster, *Ulysses Unbound: Studies in Rationality, Pre-commitment, and Constraints*, Cambridge University Press, 2000。
[22] 转引自 Jon Elster, *Ulysses Unbound: Studies in Rationality, Pre-commitment, and Constraints*, p. 89。
[23] Cass Sunstein, "Constitutionalism and Secession", 58 *University of Chicago Law Review*, p. 641(1991).

坚合众国制定本宪法。"就此而言，美国宪法的制定及其两个世纪的历史发展表明，宪法是一种建国时刻的祖宗约法，一部志在为子孙后世开太平的基本法。约翰·马歇尔就曾在美国银行案中对宪法"管长远"而非"管一时"有过经典阐述：美国宪法"被设计去经受漫长岁月的考验，因而必须适应人类事务的各种危机"。正是因此，宪法的起草有时必须是"宜粗不宜细"的："宪法的性质要求，宪法条款仅能勾勒宏伟纲要、指明重要目标，并从目标本身的性质中，推断出组成那些目标的次要成分。"[24]

三、宪政的共同体基础

尤利西斯的故事并没有提出先定承诺的正当性问题，原因很简单，这是一个人的"自缚"，是尤利西斯在其尚且清醒时的理性决定，意在约束未来有可能自我毁灭的自己。但宪法作为先定承诺却有本质的区别，如果说"宪法是清醒的彼得，而人民则是醉汉彼得"，[25]而在代际交接的政治发展内，此彼得已非彼彼得。根据美国宪法的序言，"我们人民"是为"我们自己"以及"子孙后世"制定了此宪法。由此可见，一旦宪法的效力跨越代际而延续，那么杰斐逊的幽灵就会在宪政之上盘旋。

为什么一时的制宪者可以制定出千古永续的宪法？为

---

[24] McCulloch v. Maryland, 17 U.S. 316 (1819).
[25] 史蒂芬·霍姆斯："先定约束与民主的悖论",《宪政与民主：理性与社会变迁研究》，第262页。

什么在今天奉行原旨主义不会造成"死人之手的统治"？为什么一部由早已死去的白人男性有产者制定的宪法，还可以统治生活在21世纪的美国人？[26] 杰斐逊确实道出了先定承诺宪政的正当性困境：一时的制宪者如何有权制定千古的宪法，当制宪者——很多情形内都是背负原罪的制宪者——早已退出历史舞台，其肉身早已凋零，为什么由他们制定的法律并未"身与名俱灭"，其效力反而如不废江河一样万古长流？为什么先定承诺是民主正当的？这是本节要解决的问题。

1. 现有理论的失败

对于为何信守先定承诺以及为何遵守祖宗成法不会造成"死人之手的统治"，美国宪法学存在三种最具代表性的论述。

第一种论述来自死硬的保守派。在他们看来，宪政的本意就是要遵守祖宗成法，死人之手在道德上是可欲的。美国保守派宪法理论的旗手斯卡利亚大法官曾指出：宪法的"全部目的就是要去拒腐防变（prevent change）——要以未来子孙后世不可能轻易夺走的方式去确保某些权利。一个订立权利法案的社会并不相信，'体面标准的演化'总是'在进步中'，社会总是在'成熟'，而不是'衰朽'"。在回应德沃金时，斯卡利亚举过一个例子：美国1787年宪法中写入了禁止"残酷刑罚"的规范，这就构成了一种先定承诺，之所以要将此

---

[26] 关于死人之手的统治，可参见 Adam Samaha, "Dead Hand Argument and Constitutional Interpretation", 108 *Columbia Law Review*, pp. 607–680 (2008)。

规范写入宪法，就是防止"子孙后代更残酷的道德感"。[27]

既然社会有可能"衰朽"，宪法的用意就是要"拒腐防变"。伟大的制宪者们将他们的先定约束写入宪法，意在强化子孙后代拒腐防变的能力。而这种先定约束之所以成立，所基于的就是斯卡利亚建构的衰败叙事：建国时刻的先人更有德性，第二代人及其之后就有可能腐化堕落，因此制宪者为后世约法，是要防止后来人忘记这经由奋斗和牺牲所取得的胜利，背叛宪法去走改旗易帜的邪路。在此场景，伟大的制宪者和堕落的当代人构成了二元对立，死亡之手被淡化了，取而代之的是有德先贤的统治。

第二种是实用主义的论述。根据这一理路的论述，当代美国人之所以还要服从两百年前的宪法，并不是一个道德问题，而是其基于便利的考量做出的选择。换言之，之所以这部两百年的宪法在当下仍有权威，就在于有它比没有它更好、更方便、更利于当下。

"尽管美国宪法有其缺陷，但总体说来，宪法是件好事，因为它解决了那些必须以这种或那种方式予以解决的问题"，"有时候，更重要的是要解决问题，而不是正确地解决问题"。在斯特劳斯（David Strauss）看来，一部由两百年前的男性白人有产者制定的宪法，今天已经无所谓道德意义上的权威，"宪法条款的约束力根源于它解决争议的功能和能力，而根本不是

---

[27] 严格来说，斯卡利亚并非极端的原旨主义者，他认为"原旨主义"只是"更小的恶"，参见 Antonin Scalia, "Originalism: The Lesser Evil", 57 *University of Cincinnati Law Review*, pp. 849–866 (1989), 正文所引出自 Antonin Scalia, *A Matter of Interpretation*, Princeton University Press, 1997, pp. 40, 145。

制宪的主体应当被服从或者得到'忠诚'"。[28]而美国宪法的定分止争功能,主要在于它提供了一个争议各方都承认的"共同基础",如果没有这个由宪法提供的"说服平台",[29]有些激烈的政治争议就失去了妥协的基础,无法得到和平的解决,结局就是你死我活的斗争,甚至是共同体本身的分崩离析。

第三种论述以政治哲学的资源去认真对待先定承诺的正当性问题。此论述起始于杰斐逊在《独立宣言》内所讲的美国立国原则:政府的正当性来自于"被统治者的同意",因此一部宪法是否有让我们遵守的权威,就在于它是否得到了我们的同意。这是人民主权学说的一种表达。[30]

同意学说比较成功地解释了"公民为何要守法"的问题,但宪法作为一种根本法却对此学说提出了严肃的挑战。宪法是"管长远"的根本法,所写入的是先定的承诺,因此,最简单的同意学说无法解释为什么当下的人要服从宪法文本内的先定承诺,因为活着的当代人并没有对其表示过自己的同意。生活在今天的美国人并未参与费城宪法的起草、选举和批准过程。更何况,1787年的制宪主体本身就是有严重时代局限的"我们人民",至少黑人、女性、未成年人和无产者都被排除在这次"民主盛举"以外。[31]而且,美国宪法

---

[28] David Strauss, "Common Law, Common Ground, and Jefferson's Principle", 112 *Yale Law Journal*, pp. 1725, 1734 (2003).
[29] "说服平台",参见 Jack Balkin, *Living Originalism*, pp. 129–137。
[30] 参见 Akhil Amar, "The Consent of the Governed: Constitutional Amendment outside Article V", 94 *Columbia Law Review*, pp. 457–508 (1994)。
[31] 在进步主义的历史叙述中,费城制宪本身即是有产者对革命果实的篡夺,参见[美]查尔斯·A.比尔德:《美国宪法的经济观》,何希齐译,商务印书馆,2010年。

是文本上最难修正的宪法，两百年来仅有 27 条修正案，并非每一代人都有机会参与修宪的民主盛举。布莱斯特（Paul Brest）早在 1980 年就指出："美国宪法的权威来自于其批准者的同意，这是最深植于美国传统的政治理论。但即便是宪法批准者曾自由地表示对宪法的同意，这也并未形成一个充分的基础，要求对这一建国文件的继续忠诚，因为那一代人的同意不可能约束后来人。我们并没有批准这部宪法，宪法的批准者已经死去，已经离开。"[32]

既然简单的同意学说无法挽救一部古老宪法的命运，同意论就发展出形形色色的修正版本，其中最具代表性的就是"隐含同意"论。根据这种修正版本，同意既可以是明示的，也可以是推定或隐含的。保守派学者巴内特（Randy Barnett）曾将隐含同意学说的逻辑概括为"不爱它，就离开它"（love it or leave it）："同意的真正根源是'我们人民'对政府形成的原初同意，自此后，只要人民并没有成功地对政府造反，就可以认为他们已经隐含地对政府表示同意。"[33] 换言之，只要一位公民没有通过自杀、移民或造反而选择"离开它"，那就是"爱它"，也由此可推定出"同意"。但这种对同意的推定实属牵强，难以证成先定承诺的民主正当。

2. 回到共同体：从自由主义到社群主义、共和主义

在人民主权学说的脉络内，同意理论展示了一个有希望

---

[32] Paul Brest, "The Misconceived Quest for the Original Understanding", 60 *Boston University Law Review*, p. 225 (1980).
[33] Randy Barnett, *Restoring the Lost Constitution: The Presumption of Liberty*, Princeton University Press, 2003, p. 20.

的思路，但问题仍在于制宪者和"我们"在这一思路内所形成的二元对立。对宪法表示同意的是建国时刻的制宪者，但制宪者不是"我们"，而是已经故去的他者，能构成同一个我们的是活在当下的人。在我看来，与其在同意的认定上做手术刀般的技术修正，不如回到一个事关政治共同体的根本问题：美国宪法开篇以"我们人民"进行效力的自我宣示，那么宪法理论就必须回答，作为美国宪法的书写者，"我们人民"在时间性的维度内究竟是复数的主体，即每一代都形成了彼此间相互独立、而仅在空洞的时间维度内有过切面交接的共同体，还是一个在时间流转过程中所形成的绵延的共同体（temporally extended community）？而如果"我们人民"是一个单数，那么是什么让我们成为了"一个我们"，让生活在不同世代的人可以认同"一个我们人民"？

回答以上问题，就需要一个关于"我们"的叙事，讲述一个有关"我们"的故事。但这个关于"我们"的宪法故事，却不可能在自由主义学说中找到伦理的资源。社群主义哲学家麦金太尔就曾批判，自由主义的个人是没有叙事能力的：在回答"我应当做什么"的问题时，首先应当去回答一个更前置的问题，"我自己构成了哪一个故事的片段"。[34] 因此，如果要重新讲述一种有关个体、共同体和时间的故事，就必须从社群主义和共和主义的政治学说中寻找新的资源。

---

[34] Alasdair MacIntyre, *After Virtue: A Study in Moral Theory*, University of Notre Dame Press, 2007, p. 216.

（1）自由主义学说的缺失

杰斐逊的幽灵在承载着先定承诺的宪法之上盘旋：杰斐逊设想的是每一代人都能重新开始的政治，在他的共同体模式中，每一代人都似寄居于偶然时空的过客，他们没有能力"继往开来"。而这种在时间绵延过程中仅占据一格的共同体模型，就是一种没有时间感的共同体。

自由主义所理解的共同体就是这种没有时间感的共同体。以罗尔斯的论述为例，在《正义论》的开篇，罗尔斯就对社会有一个定义，社会是"自给自足的个人联合体"，"为了相互利益的合伙"。具体地说，个人认识到生活在一起有可能让彼此过得更好，所以大家选择生活在一起，正义原则就旨在分配由社会共处和合作所产生的权利、义务以及收益和成本。[35]

由此可见，根据自由主义的学说，社会不过就是一个"合伙"，个人先于社会共同体而存在，社会本身即根源于人的选择或授权，而选择或授权都是基于利益的一个理性判断。罗尔斯的关键工具"无知之幕"正是要表明，在原初情境内立约的个体都是没有故事的，没有"叙事能力"。事实上，正是这种没有故事的个体才有最大程度上的选择自由，而正是个体的选择决定了个体以及共同体的身份。根据桑德尔对罗尔斯的批判，自由主义所设定的个体是一种离群索居的自我（unencumbered selves），是先行个体化（antecedently individuated）和彻底脱嵌（radically disembodied）的主体。

---

[35] John Rawls, *A Theory of Justice*, Harvard University Press, 1999, pp. 4, 6.

在无知之幕下的原初情境，个体是没有面目的，"没有了眼睛也没有了嘴唇"，他无法讲述自己的故事，因此不可能结成一种在时间维度内代际绵延的共同体。[36]

（2）社群理论的批判

自由主义认为，"对于离群索居的自我来说，最重要的，对我们的个人性而言最本质的，并不是我们选择的目标，而是我们选择目标的能力"。[37]但问题在于，虽然活在当下的个体可以实现选择能力的最大化，但对于生活在社会中的个体来说，选择的能力与"讲故事"的能力是成反比的。麦金太尔也正是基于此提出了对自由主义的批判：自由主义的个体是没有故事的，并由此提出了"叙事性自我"的概念。自由个人主义认为，每一个人都是"赤裸裸地"来到这世界，我的故事来自于我的选择，而不是"一个人的继承"。但麦金太尔认为，"我的生活故事总是嵌入在共同体的故事中，从共同体那里，我得到了我的身份。我生来就有一个过去；个体主义的模式希望去隔断我自己和那个过去，这是在扭曲我当下的关系"。[38]

对于叙事性的自我来说，我应当做什么，并不完全取决于我的选择，而是要回到"我发现自己构成哪个或哪些故事的一部分"。每个人一降世就镶嵌在一种或多种叙事之中，人这一世并非只活在从出生到死亡的自然生命中，他

---

[36] Michael Sandel, *Liberalism and the Limits of Justice*, Cambridge University Press, 1998.
[37] Michael Sandel, *Democracy's Discontent: America in Search of a Public Philosophy*, Harvard University Press, 1996, p. 12.
[38] Alasdair MacIntyre, *After Virtue: A Study in Moral Theory*, p. 221.

有未出生前的过去，也有死亡后的未来。同样，在另一位社群主义者沃尔泽（Michael Walzer）看来，"自由主义的实践看起来是没有历史的"，自由主义想象的都是"完全孤独的个体"，"理性的自我中心者"，"由不可让渡的权利所保护并且孤立开来的人"。[39] 在组成社会后，个体"想象他享有权利，社会就是相互陌生的许多自我（selves）的共存，因为自由主义的权利……更多的是关于退出（exit）而不是声音（voice）的权利"。[40] 沃尔泽对自由主义个体观也有着深刻的批判：

> 自由社会的成员没有共同的政治或宗教传统；他们仅能讲述关于他们自己的故事，这就是从无到有的创世故事，故事起始于自然状态或原初情境。每一个人都相信他自己是绝对自由的、无所拘束的、自治自决的，而仅仅是为了风险的最小化，才进入社会，接受义务。
> ……
> 我们自由人可以自由去选择，而且我们有权去选择……我们难以记忆起我们昨天做了些什么；我们也无法确定预测我们明天将会做些什么。我们不可能提供一种有关我们自己的适当叙述。我们不可能坐在一起，讲述整全性的故事，而且我们所发现自己的故事，只不过

---

[39] Michael Walzer, "The Communitarian Critique of Liberalism", 18 *Political Theory*, p. 7 (1990).
[40] Ibid., p. 8.

是没有情节的碎片化叙述,如同无调音乐和抽象艺术。[41]

（3）共和主义的批判

"我们都是共和主义者了",有学者这么形容20世纪80年代美国宪法理论"共和主义复兴"的盛举。[42]共和主义复兴作为一种理论思潮,其核心是以共和主义的理论资源去批判美国政治的多元主义模式。本章暂无必要梳理共和主义复兴的理论全景,仅选择讨论其中最具影响力但在中文学界未能得到应有关注的弗兰克·麦克尔曼（Frank Michelman）的论述。

麦克尔曼宪法理论的内核始终指向美国宪政实践中一种根本性的二元对立,他在不同时段对此二元对立有不同的表达。在《宪法书写》中,麦克尔曼提出了所谓的"权威—书写综合征"。[43]根据麦克尔曼的论述,成文宪法的书写是一种历史事实,而宪法以及宪法文本所写入的政治原则却具有当下的规范权威,其中的紧张就是"我们应当如此,因为他们指示如此"（We ought to, because they said so）,因此生成了"权威—书写综合征",亦即宪法如何通过"书写"的历史事实而获得当下的规范权威。在更早期的《法律的共和国》中,麦克尔曼使用了另一对范畴来表达这种根本的对立:"自治

---

[41] Michael Walzer, "The Communitarian Critique of Liberalism", 18 *Political Theory*, pp. 7–9 (1990).
[42] 共和主义在美国宪法学内的复兴,可参见 *Yale Law Journal* 在1988年第97卷的第8期,"共和主义宪法理论"专辑。
[43] Frank Michelman, "Constitutional Authorship", p. 67, in Larry Alexander, ed., *Constitutionalism: Philosophical Foundations*, Cambridge University Press, 1998.

政府"与"法治政府"。[44]自治和法治同是美国宪政的基础，但两者在实践中却存在着深层的紧张，因为"自治"的主体是"我们"，是当下之治；而"法治"的主语是法律，法律必定是生成于某个先于当下的时刻，是过往之治。就此而言，美国宪政如何可以既自治又法治，在时间性的维度内显然构成了一个问题。在麦克尔曼看来，这是美国宪法实践所提出的一个困难、艰深并且永恒的问题。[45]

在1988年《耶鲁法学期刊》的共和主义专号中，麦克尔曼受邀写作"头条"文章《法律的共和国》，文章起始于"自治"和"法治"的讨论。首先，自治和法治都是"宪政主义的共识"，"政治自由的要求"，应为所有人所尊重；但"我们人民"和法律又是完全不同的两种秩序，前者要求"人民自己去决定那些统治其社会生活的规范"，后者要求"人民享有免于恣意权力的保护"，两者之间存在着"显而易见"的紧张。[46]根据麦克尔曼所论，解决这一紧张的关键在于能否形成一种政治，让法治的主语"法律"同时也是自治的主体"我们"。而自治与法治的统一需要社会规范性共识的存在，但现代社会的多元性却已摧毁了这种共识的基础："如果有哪种社会条件定义着现代美国政治，这就是多元性，就此而言，现代美国如何形成法律生成的政治（jurisgenerative politics）？"[47]只有在这种"法律生成的政治"中形成的法

---

[44] Frank Michelman, "Law's Republic", 97 *Yale Law Journal*, pp. 1500–1503 (1988).
[45] Frank Michelman, *Brennen and Democracy*, Princeton University Press, 1999, pp. 4–5.
[46] Frank Michelman, "Law's Republic", 97 *Yale Law Journal*, p. 1501 (1988).
[47] Ibid., p. 1506.

律才能是"我们"的法律，我服从法律也就是服从我自己的意志，是一种"自缚"，而不是外来异己力量的宰制。"调和宪政的两个前提，看起来要求我们设想到一种法律生成的政治的可能性，它有能力赋予其立法产品一种作为'我们的'法律的'效力感'。"[48]

"法律生成的政治"是一种"我们"的政治。但问题在于到哪里去寻找"我们"。在麦克尔曼看来，日内瓦的公民可以通过直接民主来实现积极自由，但对美国人民而言，全国政治不可能提供一种真正的自治舞台。他在1986年发表于《哈佛法律评论》(*Harvard Law Review*)的经典论文《自治政府的踪迹》内指出，美利坚民族"看起来注定要承诺在统治者和被统治者之间的主权分离"，"国会不是我们。总统不是我们。空军不是我们。'我们'并不'存在于'这些有机体内。它们的决定并不是我们的自治"。但在这里，麦克尔曼所否定的是一种积极意义的人民可以出现在美国政治中，却并未因此否定自治的可能性以及人民主权的修辞。而所谓"自治政府的踪迹"也就是要重新去发现"我们"，建构一种有着"制度化纪律"的"法律生成的政治"。[49]

麦克尔曼的答案就是共和主义的审议政治，原本理性自利的私人在进入政治后就成为以公共利益为导向的公民，他们所参与的政治审议就定义了一种法律生成的政治。换言之，共和主义的审议政治可以最大限度地调和自治和法治的张

---

[48] Frank Michelman, "Law's Republic", 97 *Yale Law Journal*, p. 1502 (1988).
[49] Frank Michelman, "Traces of Self-Government", 100 *Harvard Law Review*, p. 75 (1986).

力，可以在多元性的现代社会生成"我们的法律"，服从法律就是在实践一种公共自由。可以说，以麦克尔曼为代表的共和主义宪法理论，最大的启发就是对"我们"这个概念的再讲述。

3. 人民的两个身体

美国宪法是"我们人民"所写就的，因此，如果人民自建国迄今形成了一个生生不息的单数主体，那么信守宪法内的先定承诺，就实现了根本法与人民主权的综合。因为先定承诺对"我"而言，并不是一种外在的力量，而是我个人以及我们这一代人所嵌入的"我们人民"的意志。但难题仍在于，在一个以多元合理性为前提的现代世界，在一个文化革命后以杂多主义为标签的当代美国，在一个以重新发现亚文化为政治正确的学术场域内，如何才能想象一个在时间进程内寓杂多于一体的美国人民？换言之，我们人民何以构成一个单数的共同体？为什么每一代的新人换旧人并不会增生出一个全新的共同体，[50] 反而是在生成一种生生不息、世代绵延的共同体呢？

为了解决这个问题，需要提出"人民的两个身体"的

---

[50] 巴内特认为，我们人民不过是一种"虚构"，参见 Randy Barnett, "Constitutional Legitimacy", 103 *Columbia Law Review*, pp. 111–148 (2003); 斯特劳斯基于实用主义的立场否定存在着一种"世代相继的美国人民"，"今天的许多美国人并不会怀有对前代美国人的忠诚，他们与前代人之间没有关系或联系"，做一个美国人并不需要信仰"美国人民在历史进程中的统一性"或者"准种族的美国身份"。参见 David Strauss, "Common Law, Common Ground, and Jefferson's Principle", 112 *Yale Law Journal*, pp. 1723–1725 (2003)。

命题。[51]"国王已死,国王万岁",同理,"我们人民"也有两个身体,一个是每一代人必将衰朽的肉身,另一个是每一代人都参与创造和维护的文化身体。如要进一步阐释此命题,就要回到人之所以为人的根本特性——人有时间感,有记忆能力,因此是一种政治动物。牲口是没有时间感的,也因此牲口的世界没有进步,所有的只是周而复始且原地踏步式的循环往复。而人之不同就在于"他无法学会忘记,而总是留恋于过去;不管他跑得多远,跑得多快,那锁链总跟着他"。[52]人不仅无法忘记过去,人也无法逃避未来,"在所有有生命的物体中,只有人类自觉地预期着死亡;在死亡必至的预期下选择如何行动——思索着如何死去——这随之而来的需要就将我们人类与其他动物区分开来。经营死亡的需要是人类特有的命运"。[53]由是观之,纵然现代人越来越生活在一个扁平的时空内,活在当下已然成为现代人的潮流,但人仍然无法摆脱过去和未来的重负。

也是在此意义上,英国政治理论家埃德蒙·柏克有过一段经典的"人非苍蝇"的论述。一个夏天内的苍蝇,生命是短促的;但如果仅就生命的长度而言,人和苍蝇不过是程度之别。根据柏克的论述,人之所以会沦为如苍蝇般生活,就在于一代人将自己作为共同体的主人,不承认祖先所规定的

---

[51] 此处的讨论受到"国王的两个身体"的启发,参见 Ernst Kantorowicz, *The King's Two Bodies: A Study in Mediaeval Political Theology*, Princeton University Press, 1997。
[52] [德] 尼采:《历史的用途与滥用》,陈涛等译,上海人民出版社,2005年,第1—2页。
[53] Drew Gilpin Faust, *This Republic of Sufferings: Death and the American Civil War*, Knopf, 2008, p. xiv.

先定承诺，由此造成法制的朝令夕改和共同体的变动不居。每一代人的政治都自成一体，这在杰斐逊看来是民主自治的真谛，而在柏克眼中就是如苍蝇般的生活。在此意义上，动物之区别于人，就在于它只有当下，隔绝于过去和未来，动物在代际链条内只不过是周而复始地重复着，没有继承，也谈不上传承。"苍蝇的每一代都重新开始其故事，没有背负对过去的重负和对未来的义务……正是这种与过去和未来的断裂，使得苍蝇的生命在人看来是如此异类。"[54]

人不同于苍蝇，就在于人不仅生存在一个自然世界内，还生活在一个文化世界内。根据耶鲁法学院前院长科隆曼（Anthony Kronman）的阐释，文化世界是一个区别于自然世界的人造世界：自然世界是一个纯粹的物世界，而文化世界是一个意义的世界，一个符号的系统。文化世界有两个基本特点：第一是"可积累"，人可以进行那些在一代人的时限内无法完成的工程，由此人就具有了对抗自然命运之暴政的能力。第二是"可毁灭"，这是指文化世界的人造物并非一劳永逸的永恒，"如果不能加以适当保育，它们终将会失去，仅仅将它们书写下来从来不足以将之维持，因为有很多法律和诗歌的书籍，我们虽然拥有，但却无从知道如何去阅读……保护一个法律的体系要求这样的教育项目，它可以向每一代新人介绍法律，让新人们学会解释法律的方法"。[55] 文化世界的脆弱性，要求每一代人都自觉地作为共同体在当下的"租

---

[54] Anthony Kronman, "Precedent and Tradition", 99 *Yale Law Journal*, p. 1050 (1990).
[55] Ibid., p. 1053.

用者",在先人和后人之间承担起"信托"责任。而且,也正是在这种无实体的文化世界内,一个共同体才成为生生不息的共同体,而不是陷入每一代人反对每一代人的战争。反之,如果只是在断裂的自然世界内求生存,失去文化世界的传承和连续,那么人就只有短促而可鄙的此在生命而已。

回到柏克,人如果像一个夏天内的苍蝇那样生活,首当其冲的后果就是人类将不再学习"法理科学"(science of jurisprudence)。法理科学是"人类智识的骄傲",它虽然有种种"缺陷、冗杂和错误",却是"世代积累而成的理性"。[56] 而一旦人不再学习法理科学,"用不了几代人,共和国本身就会瓦解,分崩离析为个体性的尘埃,最后随着天上的风而消逝"。[57] 正是以这段有关"法理科学"的阐释为过渡,柏克才得出他最著名的结论:如果国家是一种契约的话,那么此契约是发生在活着的人、死去的人和将会出世的人之间的。在此意义上,一个共同体是否有宪政,并不在于它是否有一部成文宪法,也不在于成文宪法是否已经司法化,而在于这个共同体是否生成了作为我们的法律的先定承诺,可以有效地约束当代人以及任何一代人首先不去违反先定承诺,以防后世人在危机时刻陷入疯狂状态,做出心血来潮的回应。[58]

罗杰·斯坎伦顿曾借用柏克的概念去批判自由主义的国

---

[56] [英] 柏克:《法国革命论》,第 127 页。
[57] 同上书,第 128 页。
[58] 宪法并非一部自杀契约,可参见 [美] 理查德·波斯纳:《并非自杀契约:国家紧急状态时期的宪法》,苏力译,北京大学出版社,2010 年。

家:"自由主义的国家没有家园,无法生成一种跨越代际的忠诚,因此不可能在已逝去的和未降生的多代人之间形成一种契约。"[59] 而哈贝马斯在论述"二战"后德国的宪政爱国主义时也曾有过同样的阐发:"通过一张家族、地域、政治和智识传统编织起来的网,也就是通过一种塑造我们今日之身份的历史语境,我们的生活形态就与我们的父辈以及祖辈的生活联系在一起。我们无人可以逃脱历史的语境,因为我们的身份认同,无论是作为个体的人还是作为德国人,都已经与之不可分割地纠缠在了一起。"[60]

由此可见,宪政需要建立在一种社群主义的共同体基础上。我们可以从社群主义的叙事性自我推演到宪法理论的有叙事能力的共同体。在社群主义的论述中,个人的故事首先镶嵌在共同体自身的历史叙事内。保罗·卡恩(Paul Kahn)在论述个体和共同体生成的同一性时曾写道:"就在共同体的身份得以创造和维持的那个过程中,我们也创造和维持了我们的个人身份。因此,在历史意义上具象的沟通,位于社群主义理论的核心,同时创造了个体和共同体。脱离了创造和维持共同体的沟通,个体身份不会存在。"[61] 而人民的文化身体也正是生活在这种有叙事能力的共同体内,由此才在宪法发展的历史进程中成为一个单数的"我们人民"。

既然"我们人民"不再是一个线性时间观内的"瞬间"

---

[59] 转引自 Jan-Werner Müller, *Constitutional Patriotism*, Princeton University Press, 2007, p. 37。
[60] 同上。
[61] Paul Kahn, "Community in Contemporary Constitutional Theory", 99 *Yale Law Journal*, p. 5 (1989).

的"偶在",并不寄寓在从过去、现在到未来的时间流,而是存在于过去、现在和未来彼此交融的"可能世界",形成了一个单数的共同体,那么由此形成的政治共同体在代际关系上既非西式的"交接",也非中式的"反哺",而是一种生生不息、世代绵延的共同体。在此意义上,人民对宪法的历史书写,每一代人对所继承而来的先定承诺的信守,非但不是自由派所标称的"死人之手的统治",反而成为了一种高级法意义上的自治,由此调和了宪政和民主、法治和自治、根本法和人民主权、历史书写和当下权威上述种种困扰美国宪法学者的二元对立。

四、宪法叙事的生成及其技艺

"这一革命的共同体具有一种跨越时间式的存在:所有的个人——现在的和未来的——都是作为人民主权的成员而参与其中。基于这一原因,建国者的行为可以继续约束未来的世代:所有人都是一个单数'我们'的组成部分。"[62]美国宪法之所以可以生生不息地"活"起来,是因为美国人民在历史发展中通过共同的奋斗、牺牲和记忆而结成为同一个共同体——不仅由地理空间定义,也由时间塑造。只有我们认同一部我们继承而来的宪法,使之成为"我们的"宪法,宪政才找到了它的伦理基础或文化资本。巴尔金曾写道,"南

---

[62] Paul Kahn, "Political Time: Sovereignty and the Transtemporal Community", 28 *Cardozo Law Review*, p. 271 (2006).

非宪法可能被广泛地称颂为当代宪法制定的典范之作,但它并不是我们的宪法","当我们认同并且热爱一部宪法,宪法就成为我们的法律,而无论我们是否以一种正式或者法定的形式对宪法表示了同意"。[63]

巴尔金的表述实际上道出了人民主权理论的关键缺失,现有的论述将人民的意志归结为"正式或法定形式的同意"。但巴尔金在此却区分了同意与认同及热爱,当且仅当我们认同并热爱一部宪法时,这部宪法才成为我们的宪法。巴尔金的区分指向一种更普遍的二元对立,一方面是基于理性审议的同意,另一方面是基于意志表达的认同。在此二元对立下,宪法正当性的论述大都是"政治科学"的变种:建构种种可操作的标准,去认定是否存在正式、法定或隐含的同意;但基于意志表达的认同、热爱和信仰,并不是可以用科学手段加以复现、测量和统计的,而需要政治神学的学说才能感知。[64]

如巴尔金所言,虽然南非宪法被公认为现代宪法的典范,美国宪法却留存着时代刻下的尴尬错误,但美国人民不会认为南非宪法是"我们的"宪法。即便"世界是平的",美国人也不会认为他们和南非人构成了同一个"我们"。为何"我们"可以成为同一个"我们"?回答这一问题,关键在于要理解政治信念就其本质而言是以下所讲的"使相信"。"使"相信,是在告诉我们,信念并不是从天上掉下来的,而是生成在一

---

[63] Jack Balkin, *Living Originalism*, Harvard University Press, 2011, p. 60.
[64] 关于美国宪政与政治神学,参见 Paul Kahn, *Political Theology: Four New Chapters on the Concept of Sovereignty*, Columbia University Press, 2011。

种有关共同体的历史叙事之中，在此意义上，现代国家不仅是"想象的共同体"，还是一种"被想象"或"叙述"的共同体，正是在这种叙事中，我们才可以跨越不同的代际而"共同"起来。

1. 叙事宪政

"每一部宪法背后，都有一部史诗"，巴尔金近期也在论证他的"叙事宪政"的概念。所谓叙事宪政，就是去讲述有关宪法的故事：宪法成为我们的法律，与我们将自己想象为历史流变中的同一个"我们人民"，是两面一体的。一方面，宪法成为我们的法律，有助于培育"我们人民"的政治认同；另一方面，唯有每一代人都有此历时而不变的政治认同，宪法才能成为我们的法律。这在逻辑上似乎是一种循环论证，但叙事宪政在实践中就是如此水乳交融。因此，美国宪政的文化基础在于一种作为公民宗教的宪法信仰，[65]信仰则生成在一种历史叙事之中。"将美国宪法视为'我们的宪法'本身就是一则宪法故事——一种构成性的叙事，经由这一叙事，人民将他们自己想象为一个分享着记忆、目标、愿景、价值、义务和理想的共同体。"[66]因此，成功的宪政都是一种有故事的宪政，因为只有在故事的讲述中，我们才能养成对现有宪法的"热爱"。热爱是一种信仰，"热爱是一种不同于同意的态度"，正是有了对宪法的热爱，"生活在宪

---

[65] Sanford Levinson, *Constitutional Faith*, Princeton University Press, 1988.
[66] Jack Balkin, *Living Originalism*, p.61.

法下的人民——美国人民——才将这部宪法理解为他们的宪法"。[67]

关于如何制造政治和宪法信仰,埃德蒙·摩根(Edmund Morgan)在《发明人民》中曾有精彩论述:

> 政府必须制造信念(make believe):使人相信国王是神圣的,王权不会为非作歹,或者,使人相信人民的声音才是圣音;使人相信人民可以直接发出声音,或使人相信人民必须由代表发言;使人相信统治者是人民的仆人;使人相信所有人生而平等,或者使人相信他们并不平等。[68]

摩根的表述有意识地告诉读者,信仰的实体内容经常是不重要的,政治的关键在于总有一些东西可以成为信仰。回到摩根的语境,他的问题是现代政治在消灭了国王作为"国家的神秘肉体"后,如何重新确立主权,如保罗·卡恩所言:"民族是一个信念的共同体……革命杀死了国王,但也宣布了一种新主权的存在:我们人民。"[69]在此意义上,摩根的"发明人民"论,所讨论的就是人民主权如何完成对君权神授学说的革命。根据摩根的论述,我们可以知道,"我们人民"在现代政治中本身就是一种"信念":"政府的成功要求虚构

---

[67] Jack Balkin, *Living Originalism*, pp. 60, 61.
[68] Edmund Morgan, *Inventing the People: The Rise of Popular Sovereignty in England and America*, Norton & Company, 1989, p. 13.
[69] Paul Kahn, "Political Time: Sovereignty and the Transtemporal Community", 28 *Cardozo Law Review*, p. 266 (2006).

的认受，要求自愿地中止怀疑，要求我们相信国王是穿着衣服的，即使我们看到赤裸的他……英国和美国的人民政府是建立在虚构之上的，苏联政府同样如此。"就此而言，"我们人民"是一种"虚构"，并不像巴内特所批判的意味着人民主权学说的失败。准确地说，现代政治中的人民从一开始就是一种虚构，是需要"发明"出来的，"人民的同意必须由意见（opinions）来维持"，[70]因此人民的同意以及人民主权本身就是意见的产物，而非取决于私法学说中要约承诺的认定标准。

2. 宪政叙事的模式

美国宪政是一种有故事的宪政，在此归纳美国宪政文化中现有的五种叙事模式，分别为：（1）创世记的迷思；（2）连续性的建构；（3）永恒性的想象；（4）同一性的认同；（5）进步性的叙述。[71]

（1）创世记的迷思

美国是一个宪法共同体，正是宪法将美国建构为一个历时而存在的共同体。而且，美国制宪者起草了人类政治史上第一部成文宪法典，[72]这就区别于英国政治传统中那"亘古

---

[70] Edmund Morgan, *Inventing the People: The Rise of Popular Sovereignty in England and America*, p. 13.
[71] 本节的讨论或可归为卡恩所说的法律的"文化"研究，参见 Paul Kahn, *The Cultural Study of Law: Reconstructing Legal Scholarship*, University of Chicago Press, 1999。
[72] 但这并不意味着成文宪法典涵盖了美国宪法的全部，美国也有"不成文宪法"，参见 Akhil Amar, *America's Unwritten Constitution: The Precedents and Principles We Live By*, Basic Books, 2012。

以降"的"古代宪法"——美国宪法有其可确定的诞生日。阿玛（Akhil Amar）的《美国宪法传》，开篇第一句话就讲"It started with a bang"；第一章解释美国宪法序言，章名为"In the Beginning"，最好不过地表达了费城制宪乃是美国政治之"创世记"的意涵——革命领袖们以"我们人民"的名义为自己以及子孙后代立法，此政治作为实在是开天辟地式的史诗，标志着政治时间的开启。[73]

现代宪法的制定都是人民主权的绽放。制宪本身是一场革命，而革命则是政治时间的分水岭，以革命为分界，可以将时间分为"制宪前"和"制宪后"两个阶段。更重要的是，制宪之后，制宪前的历史就被吸纳入一种新的叙事。在此意义上，建国前的历史是没有政治意义的，它所呈现的都是一种追溯既往式的再建构，"殖民地时期的美国经验并不被理解为一种英国人的生活，而是一种为了美国独立的训练"，"过去就重新编入了革命的叙事之中"。[74] 过去成为为了新开始的预备，新开始才是真正的开天辟地。

早在1776年，独立战争刚打响第一枪，约翰·亚当斯就在抒发革命者的壮丽情怀："我亲爱的朋友，你和我生活在即便最伟大的古代立法者都会羡慕的时代！"[75] 而在《联邦党人文集》第14篇内，麦迪逊已经在主张美国道路的普遍意义："这是美国的幸福，我们相信，这也是全人类的幸福，

---

[73] Akhil Amar, *America's Constitution: A Biography*, Random House, 2006, pp. 5–53.
[74] Paul Kahn, "Political Time: Sovereignty and the Transtemporal Community", 28 *Cardozo Law Review*, p. 274 (2006).
[75] 转引自[美]拉里·克雷默：《人民自己：人民宪政主义与司法审查》，田雷译，译林出版社，2010年，第75—76页。

革命者在追寻一种新的、更崇高的事业。他们实现了一场在人类社会编年史上前无古人的革命：他们在地球上建立了史无前例的政府组织。他们设计了一个伟大的联邦，他们的后世有义务改进它，使之永存。"[76] 要知道，其时费城宪法草案前途未卜，美利坚民族的命运处在生死存亡的关头，现实世界无比暗淡，但丝毫未见联邦党人因此心灰意冷，麦迪逊的修辞显然是要他的读者——纽约州民众——"使相信"。

创世记的迷思之所以生成，不只缘于亲历历史者的"虚构"，更重要的是后来人在原初叙事基础上形成的信仰和再表述。美国制宪是开天辟地的史诗，历来就是美国保守派宪法论述的一个永恒主题。根据极端的原旨主义叙述，宪法的历史就终结在制宪时刻，自此后不再有"我们人民"，只有对祖宗成法亦步亦趋的"报废的人"。1986年，里根总统出席伦奎斯特首席大法官和斯卡利亚大法官的任职典礼并发表演讲，这对于美国保守主义宪法运动无疑是一个里程碑式的事件，而里根在结束他的演讲时讲道：

> 韦伯斯特告诉我们："奇迹不会再次发生，坚守住美利坚合众国的宪法以及在宪法基础上建立起来的共和国——6000年的历史只发生过一次的事情，从不会再次发生。坚守住你们的宪法，因为如果美国宪法失败了，全世界就会出现无政府状态。"[77]

---

[76] Alexander Hamilton, James Madison, & John Jay, *The Federalist*, Harvard University Press, 2009, p. 85.
[77] 转引自 Jamal Greene, "Selling Originalism", 97 *Georgetown Law Journal*, p. 713 (2009)。

里根的话带有美国保守主义的典型修辞风格，就事实而言荒诞不经，但却洋溢着无知者无畏的天真烂漫。在这里如自由派那样去批判此种叙事与史实不符并没有什么意义，因为这种叙事从来不是要在理性的场域内去说服自由派的知识精英，而只不过是要对美国那些沉默的大多数进行"洗脑赢心"的政治动员。事实业已证明，美国保守派通过这种叙事，基本成功地夺回了对法律的控制权。这种将建国制宪神化的历史叙事，在美国保守主义阵营内层出不穷。

《创世记》的迷思作为一种历史叙事，关键在于神化美国的革命、建国和制宪，让国父们成为真正的fathers，宪政因此成为"因父之名"的统治。这虽然是自由主义政治理论所不允许的，但确实是美国政治的一种现实。建国史学家戈登·伍德（Gordon Wood）就曾指出："没有哪个主要民族会像我们美国人那样尊重过去的历史人物，尤其是那些生活在两个世纪前的人物。"美国国父在离世前就已走上神坛，"等到杰斐逊和约翰·亚当斯在1826年7月4日同日离世，而当天正是《独立宣言》五十年诞辰，神圣的光环就开始笼罩着建国一代人"。[78]

而对于塑造美国民众的历史意识而言，主要的读本不是象牙塔内的学术论文，而是大众通俗读物。1966年出版后重印至今的《费城奇迹》，影响了数代美国人的心灵，书名中的"奇迹"出自该书题记所引的华盛顿的一句话："在我看来，

---

[78] Gordon Wood, *Revolutionary Characters: What Made the Founders Different*, Penguin Press, 2006, pp. 3–4.

来自这许多不同的邦的代表们，带着他们的方式、环境和偏见，可以联合起来形成一个全国政府的政体，真不啻为一次奇迹。"[79]而奇迹既不是政治科学所能解释的，也不是社会契约所能设计的，面对奇迹，人只有信仰、服从，为之牺牲。《费城奇迹》只是代表，美国公共历史读物对于建国一代人的讲述不厌其烦，每年都会出版多本有关美国革命、建国和制宪的"普法"新著——建国奇迹的讲述还在继续，它不会终结。

（2）连续性的建构

戈登·伍德指出，现今的美国人"会想知道杰斐逊将如何思考少数族群平权行动，或者华盛顿将如何判断伊拉克战争"。[80]美国内战史权威学者麦克弗森（James McPherson）也曾讲过一个故事，他曾在林肯175周年诞辰之际的一次演讲后接受电视采访，受访的第一个问题就是："如果林肯活到今天，他将对堕胎和预算赤字持何种立场？"麦克弗森就此指出，美国政治文化中有着一种"以林肯为指引"（get right with Lincoln）的政治心态，这也是连续性的叙事。[81]连续性的叙事就是要勾连起制宪者的法律和当下的政治问题，以制宪者的意图为准绳去解决当下的问题。

首先应该承认，美国宪政的连续性并不只是由历史叙事建构的信念，而先是一个基本的法律事实：美国原初宪法，200年来仅有27次文本修正，至今仍是美利坚民族的根本法。

---

[79] Catherine Drinker Bowen, *Miracle at Philadelphia: The Story of the Constitutional Convention May to September 1787*, Little Brown & Co., 1986.
[80] Gordon Wood, *Revolutionary Characters: What Made the Founders Different*, p. 3.
[81] James McPherson, *Abraham Lincoln and the Second American Revolution*, Oxford University Press, 1991, p. ix.

我们视费城会议为"奇迹",很大程度上也是一种事后的意义赋予,遮蔽了历史发展的开放性和偶然性:正是美国宪政的连续性事实使费城会议不是一场"失败的遗产",而成为美国宪政胜利征途的原点。在此意义上,连续性的叙事是美国宪政的一个组织框架,正是有了这个叙事,美国宪政发展才有了一种目的论式的整体图景。拉克劳斯(Alison LaCroix)近期写道:"不同于许多现代宪政民主国家,美国仍处在其'第一共和'。这意味着由美国宪法所创造的、名为'美利坚合众国'的这个实体,可以说存在于从1789年到如今的一种连续性关系中。"而美国宪法的核心预设之一就是"2010年的共和国在根本意义上与1789年的共和国相连续"。[82]

但更重要的是,两百年的故事始终只是一个"神话"或"迷思"。无论如何,与时俱进乃必须,不可想象一部18世纪的宪法可以原封不动地适用于今天的美国。只有一部宪法,并不意味着这部宪法没有修正、转型和断裂。因此,连续性的叙事不能否认必要的宪政变革,其挑战在于如何在叙事中吸纳变革的元素。换言之,是在连续性的叙事中定位变革,还是在变革的叙事中捕捉连续,结构的不同就意味着基调的区别。这样看来,美国宪政的连续性既是一种基本的法律事实,也无法离开叙事的建构,而如何在连续性的主旋律内吸纳变动的片段,同时又不至于颠覆叙事的基调,这就是法律人的工作。

美国宪政经典内俯拾皆是连续性的叙事。林肯葛底斯堡

---

[82] Alison LaCroix, "Temporal Imperialism", 158 *University of Pennsylvania Law Review*, p. 1330 (2010).

演说旨在阐述一种"自由的新生",但"自由"之所以"新生",乃是发生在一种连续性的叙事内。众所周知,葛底斯堡演说的第一句话就重现了一个我们与建国者同在的历史场景:"八十七年之前,在这块大陆之上,我们的父辈创建了一个新国家,它孕育于自由之中,奉行人人生而平等的原则。"由于创世记的迷思和连续性的建构往往交织在一起,保守派同样是连续性叙事的行家里手。原旨主义兴起,之所以在2008 年的持枪权案件判决后声称"我们现在都是原旨主义者了",不只是因为其在学术市场上的成功营销,[83] 归根到底,还是此学说所隐藏的连续性叙事更贴合美国沉默的大多数的政治心理结构。因为美国人相信,当下的我们与历史上的制宪者生活在一个连续的共同体内,共享着一套语义编码的系统。[84] 正是因此,原旨主义在学理上早已千疮百孔,保守派对连续性修辞的操控也是路人皆知,但只要它迎合了美国人的政治心理,就可以实现政治动员。

(3)永恒性的想象

自由主义政治理论认为宪法是一种社会契约,美国制宪为之提供了最好的案例:数十位集政治智慧、经验、美德于一身的革命者齐聚费城,经过集体的深思熟虑设计出了一部"可自动运转"的宪法。[85] 这对应着社会契约论的结构:从想象的自然状态出发,人们基于理性的能力,经由协商谈判

---

[83] 参见 Jamal Greene, "Selling Originalism", 97 *Georgetown Law Journal*, p. 713 (2009)。
[84] Lawrence Lessig, "Fidelity in Translation", 71 *Texas Law Review*, pp. 1165-1268 (1993).
[85] 参见 Michael Kammen, *A Machine that Would Go of Itself: The Constitution in American Culture*, Knopf, 1986。

形成了对社会规则的共识。[86]

但作为美国宪政的基础理论，社会契约论至少存在三个局限。首先，社会契约论是非历史的。其次，也与第一点相关，社会契约论无法解释美国宪法发展的过程和结构，"美国宪政作为一种实践……挑战了由社会契约传统所代表的自由思想的整体风格"。[87]最后，也是最重要的，社会契约的隐喻包藏着不断革命的危险，而这与宪政的保守性背道而驰。卡恩曾写道："无论本人的政治气质如何，社会契约的理论家都是革命的哲学家。他们在理论中植入了革命的可能，这表现为社会契约的再制定。"因此，如果宪法是一种社会契约，那么宪政实践在理论上就有被不断的革命切割成碎片化政治的危险，因为根据社会契约理论，一旦政治权力的运行违反了理性人在自然状态内所设定的条件，不仅是"越权无效"，也有可能导致政治权力的重组。[88]因此，美国宪政如要想象一种"永恒性"，就必须超越经典的社会契约论。而青年林肯在一篇题名为《我们的政治制度永世长存》(*The Perpetuation of Our Political Institutions*)的演讲中就提供了一种超越社会契约论的永恒性叙事。[89]

面对着斯普林菲尔德青年学会（Springfield Lyceum）的听众，当时尚未满29岁的林肯在开篇就提出一个宪政问题：

---

[86] Paul Kahn, "Political Time: Sovereignty and the Transtemporal Community", 28 *Cardozo Law Review*, p. 262 (2006).
[87] Ibid., p. 263.
[88] Ibid., p. 262.
[89] [美]亚伯拉罕·林肯：《我们的政治制度永世长存》，载[美]詹姆斯·麦克弗森：《林肯传》，田雷译，第95—114页。

我们的政治制度并不是我们这代人所创建的，而是我们继承而来的，"这些制度是由先辈传承给我们的遗产，我们的祖先曾是坚强的、勇敢的和爱国的，但是现在，他们已经与世长辞，深受哀悼"。而青年林肯告诉在座也许更年轻的听众："我们的任务仅仅是，要将国土和政治大厦传诸千秋万代。"林肯所提出的是一个根本的宪政问题，也就是如何守护我们所继承的祖宗成法。[90]

但我们所继承的先定承诺如要长存，就必须考虑到新形势所提出的新问题：如果说新形势就是代际交接，那么新问题就是如何继承革命。在林肯看来，我们政治制度的设计者已经离世，他们是亲历独立战争的一代人，"在美国革命的斗争结束时，几乎每一位成年男子都是某些革命场景的亲历者。由此产生的结果就是，在每一个家庭内，革命斗争的场景都在丈夫、父亲、儿子或兄弟的身体上写下了一部活生生的历史"。这是一种活的历史，刻画在残缺的肢体和伤口疤痕上，塑造着人民的情感。人性在和平年代的嫉妒和贪婪，在战争状态就会受到制约，有时甚至会转化为公民参与的积极因素。但对于后革命时代的青年人来说，独立战争不过是书本上的知识，"这些场景必定会在世人的记忆中消退，随着时光的流逝，变得越来越模糊暗淡"，他们对于独立战争不再有先辈那样的感同身受，流血牺牲从"所见"变成"所闻"，最终成为"所传闻"。林肯动情地讲道，独立战争的经验"曾是一座坚固的堡垒"，但是"入侵的敌人永远无法将它摧毁，

---

[90] 亚伯拉罕·林肯：《我们的政治制度永世长存》，《林肯传》，第100页。

无声的时光却做到了,将这堡垒的四壁夷为平地"。因此,林肯这里所讲的就是如何在革命之后继承革命的问题:如何让革命者留下的政治制度永存永续,这是宪政设计时必须自觉考虑的问题。[91]

此时,共和国内部出现了"一些坏兆头":"全国上下普遍地越来越罔顾法律;越来越倾向于以野蛮和喧杂的激情去替代法院的冷静裁判;用凶残十足的暴民去取代司法的执行官员。"在林肯看来,公民不守法或者共和国内的普遍不守法就会摧毁"人民对政府的感情"。对此问题,林肯提出的应对之道如他所言是"简单的",那就是每一个美国人都要守法,尊重法律,即便是那些所谓的"恶法",在通过常规的政治过程予以废止前,也必须被严格遵守。[92]换言之,林肯不承认所谓的公民不服从,共和国的每一位公民都无权以所谓的良知或信仰自由去抵抗法律。

更重要的是,在论述公民为什么要守法时,林肯所依据的是一种旗帜鲜明的历史叙事,而不是功利主义的趋利避害或自由主义的同意论。换言之,守法在林肯看来应是每个公民的政治信仰,是在革命之后对前人忠诚和对后人负责的一种"感情状态"。每一个美国人都要记住"违反法律,就是践踏父辈的鲜血,就是撕裂他自己的人格以及子女的自由。让每一位美国母亲,对在她膝上牙牙学语的婴儿,灌输对法律的尊重;让法律在小学、中学和大学得到讲授;让法律写

---

[91] 亚伯拉罕·林肯:《我们的政治制度永世长存》,《林肯传》,第112—113页。
[92] 同上书,第101—109页。

进识字课本、缀字课本和历本;让法律在布道坛上布讲,在议会厅内宣讲,在法庭和法院中得到执行"。[93]

(4)同一性的认同

我们是如此不同,但又生活在同一部宪法之下。霍姆斯大法官曾言道:"宪法是为具有根本不同观念的人们而制定的。"[94]就此而言,如何在"众声喧哗"乃至"诸神分裂"的条件下,让先定承诺的宪法规范成为共同的游戏规则,在一部宪法必定会出现各自表述的情况下,不至于造成文化分裂乃至内战,就需要此处所说的"同一性认同"的叙事。换言之,宪法作为先定承诺,本质上是经由历史的政治斗争所形成的共识,而宪政就是按宪法的既定方针办,因此宪法就是"一",而宪政就是要"定于一",也是在此意义上,宪政就要解决"由谁说了算"的问题。

查尔斯·休斯在担任纽约州长时就曾说过:"我们生活在一部宪法下,但宪法是什么,却是由法官说了算的。"当然,在现代社会科学的检验之下,所谓"大法官说了算"的命题不过是一种"空洞的希望"。[95]但从宪政文化的意义上去观照,这种司法审查的神话就正好构成一种同一性的叙述。在此问题上,杰克逊大法官有过一番更坦诚的现身说法:"我们不是因为永不犯错才成为终局审;而是因为我们是终局审,我们才不会犯错。"无论是"说了算",还是"终局审",

---

[93] 亚伯拉罕·林肯:《我们的政治制度永世长存》,《林肯传》,第106—107页。
[94] J. Holmes, Dissenting in Lochner v. New York, 198 U.S. 45 (1905).
[95] Gerald Rosenberg, *The Hollow Hope: Can Courts Bring about Social Change?*, University of Chicago Press, 2008.

所说的都是一种同一性的叙事，就是由谁来定分止争的问题。近年，一批左翼背景的宪法学者高举人民宪政的理论旗帜，要去造司法审查的反，他们所招致的批评之一就是人民宪政会形成一种宪法解释的多元主义政治，因此破坏宪法的安定性。[96]

罗伯特·卡沃（Robert Cover）的论文《法与叙事》可以说是阐释法律的多元性和安定性的经典。卡沃创造了一对相生相克的概念："生法"（jurisgenesis）和"灭法"（jurispathic）。生法是指法律的生成，在一个多元社会，每个社会群体都有本群体的叙事以及在此基础上对法律的理解，因此生法的结果就是一个百花齐放的多元格局。"围绕着共同的礼与法，构建起紧密的诸社群，这一构建的行为本身即是法律的生成，其过程表现为法律的分裂。"因此，生法的过程及其形成的多元法律，是对社会多元性的一种正当回应。[97]

但一个社会不能只有生法，生法之后，还要灭法，而灭法的过程就是要确定谁才是法律中的法律，谁才是国家暴力机关所支持的法律，就是要"去伪存真"。这里的灭法更像是法社会学意义上的描述，它不那么清新、温情，不讲多元竞争、适者生存、言论自由市场或者看不见的手，而是强调国家暴力及其在罢黜百家后的一元化。但现实的政治是，只有百花齐放式的叙事和生法并不能自动形成一个良好的法制，"法律规范在整个共同体内激增，这一生法的原则，从

---

[96] 例如，参见 Larry Alexander & Frederick Schauer, "On Extrajudicial Constitutional Interpretation", 110 *Harvard Law Review*, pp. 1359–1387 (1997)。
[97] Robert Cover, "Nomos and Narrative", 97 *Harvard Law Review*, pp. 4, 15(1983).

来不可能脱离暴力而单独存在。解释总是发生在强力的阴影下……法院，至少是国家的法院，就是这种'灭法'的"。"值得指出的是，在神话和历史中，法院的起源和存在依据很少被认为是对法律的需求。正相反，法院被认为是基于要去压制法律的需要，在两种或多种法律之间进行选择的需要，为诸法律进行层级排序的需要。正是法律的杂多性，生法原则的多产，所造成的问题使得法院和国家成为了解决问题的手段。"[98]在此基础上，卡沃给出了一个非常具有革命性的判断："法官是暴力人士。因为他们所掌握的暴力，法官通常不是创造法律，而是杀死法律。他们是灭法的办公室。面对着繁荣生长的争鸣百家的法律诸传统，法官主张某一传统是法律，同时毁灭或要去毁灭其余的传统。"[99]

虽然卡沃在此文发表后不久即去世，但他这篇文章却成为美国引证率最高的论文之一，关于"生法"和"灭法"的论述启发了一代又一代宪法学人的心智。卡沃关于生法的论述蕴含着革命和变革的种子，尤其是他承认每一个解释共同体都在生成法律，反映出他作为民权运动积极分子所怀有的激进气质。而卡沃关于灭法的论述也表明他不是一个只讲亚文化、多元合理和学术正确的学者，他非常清醒地指出："任何一种法系统都必须是统一的，这是指其要有一定程度的意义共同性，才能使得连续的规范活动成为可能。"[100]确实如此，美国作为一个宪法共同体，不能只有生法，因为随着

---

[98] Robert Cover, "Nomos and Narrative", 97 *Harvard Law Review*, p. 40 (1983).
[99] Ibid., p. 53.
[100] Ibid., p. 14.

各路社会运动的风起云涌及其造成的相互割据的多元法律格局，共同体会发生裂变；但是也不能只有灭法，因为如果法律完全是一个代表国家暴力的主体的宣言，那么对我们而言，这种法律也迟早会成为一种异己的力量，法治和自治之间也就被最大程度地撕裂。

生法和灭法是一对相生相克但又相辅相成的范畴。从生法到灭法，是一个共同体内多元主体之间相互接触、竞争和斗争的过程，没有这一个竞争和斗争的过程，也就不会生成一个"我们"，这就类似于我们常说的"以斗争求团结，则团结存"。在宪法文化中，多元主体间的斗争实际上会重塑一个共同的过去，"过去，过去的意义，以及关于过去的记忆，都是一个政治共同体的成员可以利用和共享的资源。我们彼此之间可能会不同意过去意味着什么；我们可能会在过去中记忆着不同的东西……但吊诡的是，我们有关于过去的不同意见，却是那些让过去成为我们共同资源的东西"。[101] 卡多佐大法官在1935年经济大萧条过后也曾写下一句经典的同一性叙事："联邦宪法所基于的理论是，各州人民必须浮沉与共，并在长远看来，繁荣和拯救在于联合，而非分裂。"[102]

（5）进步性的叙述

进步性叙述的主旋律是"明天会更好"。"更好"未必是尽善尽美，更多时候可能是要兑现现状所未能实现的承诺，

---

[101] Jack Balkin, *Constitutional Redemption: Political Faith in an Unjust World*, Harvard University Press, 2011, p. 15.
[102] 转引自张千帆：《西方宪政体系》，中国政法大学出版社，2000年，第168页。

也就是马丁·路德·金所说的那张因"资金不足"而被退回的空头支票。进步性的叙述需要延展到明天、未来或现在之后,其实质是主张当下以及每一代人都可以通过自己的努力,将美国建设成为一个更自由、更平等和更公正的社会。

美国宪法的序言本身也提供了一个面向未来的目的论叙事:"我们合众国人民,为建立一个更完善的联邦,建立正义,确保国内安宁,提供共同防务,促进公共福利,并保障我们自己以及子孙后代得享自由之恩赐,特为美利坚合众国制定本宪法。"自此后,"更完善的联邦"(A More Perfect Union)就成为美国通俗文化讲述费城制宪的关键表述。据说在宪法会议代表签署宪法草案之时,富兰克林指着独立厅内华盛顿座椅后的一幅画说,即便是艺术家也说不出画中的太阳是在升起还是在落下,但现在他告诉更年轻的代表们,"我终于有幸得知,这是朝阳,而非落日",接着流下了热泪。[103]

进步性的叙述所讲的就是"我有一个梦想",只是这个梦不是个人梦,而首先是一个民族梦。约翰·马歇尔就在1819年的美国银行案判词内阐释了一个伟大的美国梦:"在广袤的共和国内,从圣克罗伊岛到墨西哥湾,从大西洋到太平洋,政府将征缴并且支出岁入,调遣同时给养军队。民族危急关头可能要求北款南调,西税东流……难道我们的宪法解释应当让这些运作变得困难、危险和昂贵?"基于这段叙事,马歇尔吹响的是一支"司法民族主义"的号角,他的传

---

[103][美]阿奇博尔德·考克斯:《法院与宪法》,田雷译,北京大学出版社,2006年,第31页。

记作者称他为"民族的定义者"。[104] 但就事论事的话,"广袤的共和国"只不过是马歇尔用法律语言所书写的一个美国梦:在他写下这段话的1819年,美国并不"广袤",其疆域远不是一个"从大西洋到太平洋"的"自由帝国"。就在几年前的1812年战争中,英国军队还一举攻占并放火焚烧了美国首都,美国可否在世界民族之林占有一席之地尚且存疑。而马歇尔是一位复转进法院的革命军人,因此他的判词不仅在讲述着美国的自由帝国梦,还时刻关怀着国家安全、民族建构和宪政彼此间的相互构成:"我们永远不应忘记,我们正在解释的乃是一部宪法",美国宪法"被设计去经受漫长岁月的考验,因此必须适应人类事务的各种危机",而美国银行因为可以在"民族危急关头"推动"北款南调"和"西税东流",是实现"国家安全"的"适当与必要"的手段,因此是合宪的。[105]

3. 附论:走向美国宪政的文化研究

本章主要讨论了三个虽然独立但更需要进行体系性论述的问题,可概括为美国宪政是什么,为什么与怎么办。首先,美国宪法在时间性的维度内表现为一种先定承诺,而宪政就要求去信守先定承诺,此概念的内核决定了宪法政治在基本面上的保守性。其次,作为一种政治实践,先定承诺的政治

---

[104] 关于马歇尔法院与司法民族主义路线,可参见 G. Edward White, *The Marshall Court and Cultural Change, 1815-1835*, Oxford University Press, 1991;关于民族的定义者,参见 Jean Edward Smith, *John Marshall: Definer of a Nation*, Henry Holt and Co., 1996。
[105] 本段马歇尔判词,均引自 McCulloch v. Maryland, 17 U.S. 316 (1819)。

会提出美国古老宪法的正当性问题,[106]这就是为什么已逝的制宪者制定出了垂范千古的宪法。在此意义上,宪法政治有它的伦理基础,必须生长在一种生生不息、代代绵延的共同体基础之上。最后,代际共同体的模式以及由此形成的宪法信仰,在美国从来不是一种自生自发的秩序,而是一种经由公民教育培养出来的政治态度,一种在历史叙事中生成的政治信念。

而本章对美国宪法的历史叙事做抛砖引玉式的探讨,旨在试验中国宪法学在面对和进入美国宪政实践和理论时的新视野和方法。长久以来,我们自觉地"像法律人那样去思考","等待戈多"式地"生活在别处",不断重述着美国宪法历史和现实的"童话"与"神话"。而本章所试验的"文化研究",则意图去探索我们能否"像人类学家那样去思考",并且以此为立足点去观察美国宪政的历史与实践,因为唯有如此,我们才能在面对美国宪法史时确立自己的主体性,并且在此基础上找到可以攻玉的他山之石。

为什么法律人要饰演起人类学家的角色?原因还是在于宪法叙事与宪政建设之间的相互作用。宪法叙事的政治功能在于"制造信念",在于"使相信":在这个祖先污名化、道德扁平化、时间当下化和神圣世俗化的时代,历史叙事生成着关于国家和宪法的"神话",并由此参与民族建构或国家建设的政治过程。由此出发,我们可以去体验美国宪法专业

---

[106] 关于宪法与正当性理论的评述,可参见 Richard Fallon, "Legitimacy and the Constitution", 118 *Harvard Law Review*, pp. 1787–1853 (2005)。

研究者所承受的身份张力：一方面，他们皓首穷经在学术专著内论证"国王原来没有穿衣服"，以列文森为例，他近年来在新著内直言批评美国宪法的"不民主"，甚至在文章标题内自我剖析："我是如何失去宪法信仰的"。但另一方面，这些学术专著的受众极其有限，大多数的归宿是大学图书馆那些无人问津的书架，相反文化政治领域却讲述着一个又一个关于宪法的神话、迷思和童话。列文森曾在费城制宪两百年之际出版名著《宪法信仰》，没有谁比他更理解宪法信仰在宪政实践中的基础作用。[107]

这样看来，像法律人一样思考，在象牙塔内的青灯黄卷中潜心阅读那无人问津的书，就好像巴内特以私法学说的标准去宣布"我们人民"只是一种"虚构"，我们是在体验着美国宪政的"一个方面"。但是，只要还停留在"一个方面"而未能自觉，我们对美国宪政的研究就陷入了卡恩所说的"当代法律学术的悖论"："研究法律，我们却变成了法律的一部分。"[108]而对中国学者来说，这里面甚至还嵌入了第二层的悖论，即我们研究美国法，却成为了美国法的一部分。像人类学家那样去思考，就是要从"听其言"进入"观其行"，从外部去观察美国宪法的"言"与"行"之间如何既分裂又抱合。只有理解美国宪法实践还有着"另一方面"，我们才可能真正展开具有中国学者自身主体性的美国宪法的文化研究。

---

[107] 参见 Sanford Levinson, *Our Undemocratic Constitution: Where the Constitution Goes Wrong (And How We the People Can Correct It)*, Oxford University Press, 2006; Sanford Levinson, "How I Lost My Constitutional Faith", 71 *Maryland Law Review*, p. 959（2012）; Sanford Levinson, *Constitutional Faith*。

[108] Paul Kahn, *The Cultural Study of Law: Reconstructing Legal Scholarship*, p. 2.

第二章

摸着"宪法"过河

论麦迪逊作为"宪法之父"的两种身份

仿佛他就生活在时间的起点。

——历史学家吉尔·利波尔[1]

我们身处一片荒野,没有一个脚印可以为我们指引方向。

——詹姆斯·麦迪逊,1789年[2]

[1] Jill Lepore, *These Truths: A History of the United States*, W. W. Norton & Company, 2018, p. 111.
[2] 转引自 Fergus Bordewich, *The First Congress: How James Madison, George Washington, and a Group of Extraordinary Men Invented the Government*, Simon & Schuster, 2016, p. iv。

一部宪法的命运，不仅取决于制宪者的个人奋斗，还要看历史的进程。写在羊皮卷上的宪法条款无论包含多少慎思和明辨，仅凭一纸空文都无法延续千秋万代。伟大的制宪者心存敬畏，他们所能确知的唯有自己并非全知全能，历史的进程中还潜伏着太多无法预见的偶然和强力。

若是可以穿越回费城宪法会议结束时，我们会看到这样一副场景：在一众代表志得意满，款步走出独立厅时，一位青年人显得特别扎眼，只见他若有所思，收拾着多日来整理的会议记录。当会场上唇枪舌剑，他却在奋笔疾书，把辩论实录记在一张张两次对折、分成四页的大纸上。走出会场时，他仍步履沉重。多年之后，他在世时获得了"宪法之父"的称号；而在费城会议当年，这位名叫詹姆斯·麦迪逊的弗吉尼亚人只有 36 岁。

美国史的权威学者曾这样论及"宪法之父"在政治文化中的意义：麦迪逊是"最伟大的现代立法者"，北美诸邦在 1787 年宪法会议上实现了合众为一的建国伟业，当建国先贤步入费城独立厅时，美国历史也就迈入了"麦迪逊时刻"。[3]但若是如此,他在属于自己的历史时刻又为何忧愁呢?新宪法墨迹未干,他胸中还没有为万世开太平的气吞山河。十天前,当提笔给远在大西洋彼岸的杰斐逊写信介绍新宪制蓝图的轮廓,麦迪逊却看不到希望:"即便获得采纳,这个方案既无法有效回应全国性的目标,也不可能防范地方性的祸端……"[4]由此可见,宪法会议所给定的"方案",并非麦迪逊初心所画的蓝图。我们由此开始麦迪逊和美国宪法的故事,不是要将宪法之父请下神坛,而是首先要让研究者警诫,历史进程大多并非理论般平顺、丝滑或优雅。一部美国宪法两个半世纪,其旋律并不是从一个胜利走向另一个胜利,沟壑、困顿和曲折一路走来随处可见。学术研究中,"抽象"虽无可避免,但每做新论,还是要重新回到历史和政治的语境,勘察在抽象过程中被拉直压平的某些褶皱,通过"陌生化"实现"重新发现"。

一、语境:"我活得比我自己还要长"

从麦迪逊出发来理解美国宪法,首先是一种跨学科的方法共识。罗伯特·达尔(Robert Dahl)在提出多元民主模型时,就曾给美国政体冠上麦迪逊的大名,在初版于1956年的名著《民主理论的前言》(*A Preface to Democratic Theory*)中,

---

[3] Jack Rakove, *Original Meanings: Politics and Ideas in the Making of the Constitution*, Vintage, 1996, pp. 35–36.
[4] Letter from James Madison to Thomas Jefferson (Sept. 6, 1787), in *James Madison Writings*, The Library of America, 1999, p. 136.

他精读《联邦党人文集》第10篇，召唤着"麦迪逊式的民主";[5]若干年后，戈登·伍德虽然呼吁"重新发掘历史中的麦迪逊"，但他所代表的建国史学者仍同意达尔们的选题方向："根据许多政治理论家，理解麦迪逊，就是理解美国政治。"[6] 2017年，新一代的法学家菲尔德曼（Noah Feldman）出版大部头的麦迪逊专论，开篇就点明了麦迪逊研究的意义："如果说美国宪法是一种全新的政府物理学，那么麦迪逊就是它的牛顿或爱因斯坦。"[7]以上所引，不过是在政治学、历史学和法学之间蜻蜓点水，只是为了确证一个也许不证自明的问题：要形成一幅关于美国宪法的完整拼图，就必须找到安放麦迪逊的板块；也不妨说，麦迪逊是美国宪法发展的第一颗纽扣，这颗扣子若没有对准位置，整件衣服当然就不可能穿上身。

麦迪逊成年后身高只有1.63米，但瘦小的他却可以说浑身上下都是宝，在英文世界，是专业学者和通俗作家用之不竭的资源。选择麦迪逊这个题目，本为讲述美国宪法的第一节课，但未曾想到却陷入一张无边无际的阅读之网，以麦迪逊为枢纽不断向外扩展。过去数年虽多次动笔，但结果却无一例外都是放弃，原因不是难为无米之炊，恰恰是材料庞杂、线索枝蔓，却又难以割舍。看上去线索千万条，"历史中的麦迪逊"浑身上下都是抓手，只要抓住其中任何一点即可大做文

---

[5] Robert Dahl, *A Preface to Democratic Theory*, Expanded Edition, The University of Chicago Press, 2006, pp. 4–5.
[6] Gordon Wood, *Revolutionary Characters: What Made the Founders Different*, p. 156.
[7] Noah Feldman, *The Three Lives of James Madison: Genius, Partisan, President*, Random House, 2017, p. xi.

章,但为什么写不下去,说到底还是过不去自己这一关。在经历漫长的写作预备阶段之后,脑海中虽已有了一个复杂的、立体的三维麦迪逊,但动笔后所能呈现的,却是一个简单的、平面的二维肖像。由此导致的结果就是,每当一个"麦迪逊"在初稿中隐约成形时,脑海中的那个"麦迪逊"就现出真身,他才是那个真实存在。我笔下的只是一个纸片人,如果真要写,这样的纸片麦迪逊还能写出许多。原来,我始终只是在空谈语境,却缺少方法,一个让麦迪逊在文章中立起来的方法。

但试问哪个在宪法史上绕不过去的人物,不是语境千万重,横看成岭侧成峰?为何麦迪逊尤其难写?如前所述,之所以要写麦迪逊,因为他是宪法之父,是美国宪法这件衣服要扣的第一颗纽扣。这一特殊的历史地位,一方面构成麦迪逊作为宪法史选题的意义;另一方面,可能也是导致他在宪法史上"不可说"的根源所在。问题就在这里,构成我们认知前提的,是麦迪逊设计了美国宪法,而在制宪之后,他又不断返回这部法典,增补它,阐释它,解释它,一位36岁的年轻人为此用尽了往后余生。简言之,围绕着这部被叫作"宪法"的政治文件,麦迪逊始终在创制,在实践中解决层出不穷的问题。但他在投身这些宪法行动时,手头并没有普遍的宪法理论或者先进的宪法模式做指导。麦迪逊知道他们制定了这部宪法,但"宪法"究竟是什么,在现实政治中要如何用,又有什么用,他们说不上来,最多只能摸着"宪法"过河。说到底,他们只是给这份建国文件起了个宪法的名字,从此宪法有了书名号——如我们今天在宪法课上讲,1787年美国宪法是人类历史上第一部成文宪法,但费城之前,制宪者即便读过法律，法学院里也不可能有"宪法"这门课。意识不到这一点，动辄总结麦迪逊的宪法方法论，这样的宪法学研究就太后现代了。

也正因此，在宪法搭建的舞台上，麦迪逊一定享有后来者不再可能有的自由，因为他不仅设计出宪法，还在解决现实问题的过程中摸索着宪法解释的方法论，也在释宪斗争中奠定了理解宪法的认识论。打个比方，他不但是宪法舞台上最闪亮的明星，还身兼导演和编剧，甚至连制片人和投资方也是他。由于麦迪逊同美国宪法秩序如此浑然天成地交织在一起，他的一言一行都既是立宪，也是释宪，还可说是通过释宪而立宪。那些原本在宪法学教科书中好不容易辨析清楚的概念，到了麦迪逊这一章就要被悬置起来。准确地说，从一开始就没有必要做辨析，因为只有在麦迪逊之后，如何讨论宪法这样的认识论问题才有意义。这样发掘出的"历史中的麦迪逊"，却成了宪法理论的黑洞，原本井然有序的理论体系到此处就被折叠起来，不仅现成的概念、学说和理论，甚至我们思考宪法的方法和模式到了立宪时刻都是无效的。要忠实于这个"历史中的麦迪逊"，宪法学者就会失去自己的语言，"入境"后却成为说不出话的异乡人。简言之，在宪法史中绕不开麦迪逊，是因为他是这部成文宪法的立法者；但写作麦迪逊却极为困难，甚至几乎不可能，就在于他还是今日宪法学之认识论的立法者。

故此，本章努力的方向也就是选题设定的极限之所在。在发掘"历史中的麦迪逊"时，最大的理论自觉就是要首先忘记理论，对麦迪逊观其行并听其言，由这些散落在历史进程中的言行片段组合出麦迪逊心中的宪法世界。换言之，我们必须紧紧抓住麦迪逊是如何理解他自己的，而不是我们需要一个什么样的麦迪逊，然后打扮出一个完美的他。首先要理解政治家惯于以言行事，而非毫无头脑地强求言行一致，在此意义上，麦迪逊如何表达、论证以及想象自己，是最真实也最有信息量的材料。从学理上理解麦迪逊，关键是收集麦迪逊的宪法"自白"，用麦迪逊来注解麦迪逊，合并同类项之后，那些在他宪法世界中一以贯之的东西就是我们所要找的麦迪逊宪法。

既然把握麦迪逊的关键在贯通，此前关于麦迪逊的研究存在什么问题，也就一览无余了。所谓"宪法之父"这顶帽子，预设着美国立宪是在1787年的费城毕其功于一役的，因"父"之名义，我们忘记了麦迪逊当年只是一位36岁的年轻人——事实上，他一辈子无儿无女，不是任何人的父亲。"宪法之父"四个字他当之无愧，但又过滤掉太多，仿佛费城之后再无宪法史可言，整部宪法的剧本在费城便已写就，自此后，演员在舞台上所能做的，只是对既定剧本做不同风格之诠释。但回溯"历史中的麦迪逊"，这位有为青年一直活到1836年，自1787年开始，前方还有他自己都想不到的往后余生。也就是说，费城会议一朝分娩，麦迪逊没有撒手不管，这部写在羊皮卷上的宪法如何应对波谲云诡的建国初政治，宪法之父仍监护着它，走过半个世纪之久。今人即便号称要从麦迪逊出发理解美国宪法，这起初的半个世纪也已被粗暴地折叠起来，似乎所有的教义都在《联邦党人文集》第10篇中一言以蔽之了。但写作此篇时，麦迪逊还不到37岁，我们怎么可能仅从这么一篇文献就学习了麦迪逊伟大光辉的一生？"贯通"在历史研究中往往说起来容易，但做起来难。

就麦迪逊的写作而言，美国宪法史上最大的一个"偶然"，可以说是他活到了1836年，在那一年的6月28日辞世——按后来者林肯在葛底斯堡演说中所确定的"纪年法"，再有一周，麦迪逊就能见到《独立宣言》暨美国建国的六十周年庆。麦迪逊生于1751年，一生谨慎，君子不立危墙之下，但无论如何，85岁的高寿在当时只能说是上帝赐给的，是死生有命的偶然，是不期而至的漫长人生。麦迪逊原本就是国父群中的异类，他身材瘦小，是个标准的文弱书生，自新泽西学院毕业后，还曾在自家农场当过一段时间的待业青年。1772年冬，在一封写给昔日同学的信中，麦迪逊这样写道："过往数月，我总得到某种自觉的暗示，不要期盼着健康或长寿的人生。"[8]但最终，别的人都死了，麦迪逊还活着，自1828年起，他就是费城会议唯一在世的代表。在任何一部麦迪逊传记中，作者几乎无一例外都会引用他年逾八十后的一封信："在活过了如此众多的我的同代人之后，我不应忘记，我可能被认为活得比我自己还要长。"[9]要理解这一"偶然"在美国宪法史中的意义，我们只要做一反事实推理的设定：若是麦迪逊在费城会议结束后即暴病身亡，或者林肯竟活到85岁——那将是1894年，在那个平行宇宙，美国宪法的历

---

[8] Letter from James Madison to William Bradford (Nov. 9, 1772), in *James Madison Writings*, p. 3.
[9] Letter from James Madison to Jared Sparks (Jun. 1, 1831), in *James Madison Writings*, p. 858.

史进程一定会有大不同。好的宪法理论，应基于整全的宪法史观，但宪法史观却不能简单屏蔽各种"bug"，而应认真对待"偶然"，视其所以并观其所由。

美国革命在1776年爆发，就像故事所讲的那样，麦迪逊的人生因此改变，政治赋予他人生的意义和方向，自此脱胎换骨，开启了以政治为业六十年的漫长一生。如果以1787年立宪为新征程的起点，那么麦迪逊也陪伴这部由他创制的立国文献长达半个世纪——来自"父亲"的陪伴，是最强大的"监护"。即便是从两任总统届满而回乡务农的1817年起算，麦迪逊还有接近20年退而不休的晚年，一个他想不到的人生"长—尾"。1827年，麦迪逊进入退休的第二个十年，他在信中竟然发出如此感慨："真相就是，自卸任以来，我竟然发现自己的时间是如何不由我支配，为当年所少有。"[10]别忘记，法国人托克维尔访美是在1831年，新大陆让这位旧世界来客印象尤其深刻的，就是政治冲突往往化为法律问题而得到平息。按照这个判断，麦迪逊的晚年会有多忙，就可想而知了——每当宪法争议山雨欲来，时人就会想到这位已经走到人生边上的宪法之父。他在或者不在，事关新宪法如何介入政治。鉴于此，就应意识到，麦迪逊在退休后的某些"私人"信件，如他在1820年前后就马歇尔法院而回复斯宾塞·荣恩的三连发，1830年就国会内陆基建权写给国务卿马丁·范布伦的答复，甚至是写于去世前两年的《致我的祖国》，在

---

[10] 转引自 Jack Rakove, *James Madison and the Creation of the American Republic*, Pearson Longman, 2007, p. 215。

宪法史上的分量都未必亚于《联邦党人文集》中的麦迪逊篇章。反过来说，只读《联邦党人文集》，就以为得麦迪逊之真经，那才是只猜中了开头，却压根没搞清楚结局在何处。[11] 精彩的通常都在后头：宪法学者惯于将1803年"马伯里诉麦迪逊案"奉为美国宪政的历史起点，但此时我们要一路向前，看到马歇尔法院在1819年做出美国银行案的判决后，麦迪逊就宪法解释方法同首席大法官进行了激烈却不失礼貌的探讨。杰斐逊去世后，麦迪逊受人之托忠人之事，在1830年前后为杰斐逊代言，挫败了年轻一代抬杰斐逊为南方独立之父的阴谋。他的宪法故事在他身后仍在继续，为什么麦迪逊在其有生之年迟迟不肯出版费城笔记，非要等到过世后才公诸世人？若没有麦迪逊"活久见"这个偶然，以上点滴及其所组织起来的美国早期宪法史就要另当别论，要"重写"。在此意义上，麦迪逊的人生塑造着美国宪法如今绽放出的种种性格。

通俗历史作家大卫·斯图尔特曾写作《1787年之夏》一书，讲述费城会议制宪者在近四个月闭门会议上的喜怒哀乐，之后不久他又出版了《麦迪逊的天才》，在行文至"告别"这最后一章时，作者写道："麦迪逊的去世，标志着美国诞生的完结。"[12] 这句话很短，却意味深长。其之所以耐人寻

---

[11] 在比较宪法的思考中，"连贯"也有意义。邓小平在审定《邓小平文选》第三卷时曾讲："我主要看能不能连贯起来"，"不成熟的东西，连贯性不好的东西，解释得不清楚的东西，宁可不要"。中共中央文献研究室编：《邓小平年谱》（一九七五——一九九七）（上、下），中央文献出版社，2009年，第1360—1362页。

[12] David Stewart, *Madison's Gift: Five Partnerships That Build America*, Simon & Schuster, 2015, p. 333.

味,在于它压缩了时间,过去、现在和未来三个维度在这个短句子里交错在一起:现在,麦迪逊离开了我们,随他一起远去的,是一段已成既往的美国诞生的历史阶段,继之而起的则是新的历史时代,未来就在前方。虽因篇幅限制,不可能以编年史的体例来铺陈麦迪逊的宪法,但本章也力求充分调动谋篇布局的能动性,用"穿越"的方式压缩时间,打破自然时空的规定,不再对麦迪逊进行分期断代,以此重新发掘并呈现那个空有"宪法之父"的名号却消失于宪法史中的"麦迪逊"。

二、制宪:"在构建一个由人管理人的政府时"

"在构建一个由人管理人的政府时"(In framing a government which is to be administrated by men over men),语出麦迪逊执笔的《联邦党人文集》第51篇。[13]在这句话之前,麦迪逊究天人之际,提出整部文集立意最深远的问题:"而政府,若不是对于人性之最深刻反思,又能是什么呢?"——"若人人都是天使,那么政府就不再是必需的。而若是由天使来统治众人,则对政府的种种控制,无论外部还是内部,都不再必需。"这样的文句至今读来仍光彩夺目,故此后世学者在解读时往往盯住"人管理人",由此自然过渡到第51篇的主旨"分权制衡"。这样的解读当然没错,只是就本章的目标而论,它太正确了,放之四海而皆准,而我们要从这

---

[13] Alexander Hamilton, James Madison, & John Jay, *The Federalist*, p. 341.

种普遍人性论的思考往下沉，如伍德所言，"无论他有再多的创造和原创，我们也必须时刻牢记，麦迪逊既不是在讲给我们听，也不是说给古往今来……他的世界不是我们的世界"。[14]理解这句话，就要意识到《联邦党人文集》是政治文化宣传，旨在动员民众支持新宪法，故不仅是言论，也是政治行动。麦迪逊所言的"构建……政府"，构成了整部文集以及麦迪逊世界的核心诉求。我们是"制宪者"（framers），我们通过这部宪法所做的，是要"构建政府"。这种创制进行时的心态，渗透在整部文集的字里行间，体现出制宪者们以言行事的精神气质。

由此可看出麦迪逊作为宪法之父的两个身份。第一个身份为我们所熟悉，即麦迪逊同他的费城兄弟们制定了美国宪法，这部宪法在现实中有其对应的实物，它书写在羊皮卷上，看得见也摸得着。第二个身份隐藏在宪法史的材料中，他们不仅起草了这么一部宪法，还以自己的举动在人类历史上发明了成文宪法，由此是对一种新政治科学的身体力行。关于这一身份的背景，宪法学教科书往往一笔带过：1787年宪法是人类历史上第一部成文宪法，但这种轻描淡写实在压缩了太多历史进程的展开。发明成文宪法，也就是说麦迪逊们首创了一种新的政治方法：将政治生活所要依据的根本规范，凝聚在一部事先写成的成文法典里，以之组成新政府，构建新的政治秩序。作为首创者，他们只是这么做了，因为这么做是为政治所必需的，但这么做到底意味着什么，在迈出第

---

[14] Gordon Wood, *Revolutionary Characters: What Made the Founders Different*, p. 156.

一步之后又能怎么走，第一部成文宪法的制定者注定没有宪法的使用说明书可参考。换言之，《宪法》这本书在现实政治中到底怎么打开，怎么读，这种方法论的问题在制宪者那里是高度可塑的。麦迪逊愿意怎么读，他就可以怎么读，且只能在实践中学习，舍此之外别无他法。在宪法之前，又谈何宪法学呢？一切只能视乎政治生活所需以及所必需，在政治生活中摸着"宪法"往前走，如麦迪逊在首届国会中的同事詹姆斯·杰克逊所言，"我们的宪法，如同初次下水的一艘航船，正停泊在码头；她将如何去回应舵手，还未可知"。[15]在"未可知"时，如何"摸"宪法，对麦迪逊而言如同在一张白纸上作画。在麦迪逊的世界里，他说宪法是个什么东西，它就是个什么东西，这是第一部成文宪法诞生之初的方法论。而麦迪逊作为宪法之父的第二重身份，所指的就是宪法于1787年诞生之后，他还"养育"这部宪法直至1836年。麦迪逊的另一位国会同事约翰·维宁也曾说过："有些时候，宪法如同敏感的盆栽，哪怕是最温柔的触碰，叶片也会回缩；还有些时候，宪法如同挺拔的橡树，雷打不动。"[16]简言之，宪法诞生之初，如同幼儿，需要父亲的陪伴和照顾，麦迪逊对这部宪法长达半个世纪的监护，不仅规训出一部成文法典的性格，也正是在护宪的政治过程中，学者所追求的方法论及其认知系统才缓慢出现，然后才成为问题。

---

[15] 转引自 Fergus Bordewich, *The First Congress: How James Madison, George Washington, and a Group of Extraordinary Men Invented the Government*, p. 15。
[16] 转引自 Jonathan Gienapp, *The Second Creation: Fixing the American Constitution in the Founding Era*, Harvard University Press, 2018, p. 1。

在本节，我们将走近这个"宪法之父"。这个麦迪逊具体而生动，主要活跃在费城会议前后，代表作是写于这一历史时期的《联邦党人文集》，而把那个形象模糊不清，在新宪法生成后神奇般地消失于学者视野的麦迪逊，留给本章的第三节。在考察宪法之父的第一重身份时，我们抓大放小，既然这部宪法意在"构建政府"，那么问题就是，它所创设的，到底是一个什么性质的政府？

在美国政治文化中，费城会议乃是妇孺皆知的"奇迹"，原因无他，就是因为美国宪法成功了——更准确地说，各种迹象都表明它不应该成功，但结果却成功了。[17] 费城会议中来自各邦的代表共 55 名，坚持到 9 月闭幕的有 42 名，其中在宪法草案上签名的是 39 名。会议全程对外保密，可以说，直至麦迪逊的笔记实录在 1840 年出版前，费城会议在普通美国人眼中始终笼罩在一层无知之幕下。麦迪逊之所以得名宪法之父，是因为构成会议辩论之基础的，是他深思熟虑后拿出的"弗吉尼亚方案"。所谓"麦迪逊时刻"，就是说费城会议一开幕，代表们就走进了由麦迪逊及其宪制蓝图所设定的议程——讨论并不是全然开放的，也不可能从一地鸡毛的零碎开始谈。而麦迪逊的方案当然不是拍脑袋想出来的，早在 1786 年初，他就博览由杰斐逊从大西洋彼岸寄来的两大箱书，整理出"关于古代和现代邦联的笔记"。对于麦迪逊在此阶段为宪法会议所做的智识准备，菲尔德曼如此评价：

---

[17] "奇迹"说，参见 Catherine Drinker Bowen, *Miracle at Philadelphia: The Story of the Constitutional Convention May to September 1787*。

"麦迪逊并没有发明比较宪法研究……但就所知存在过的所有邦联,系统地去发现让它们运转起来的关键要素,麦迪逊的这份文件可说是前无古人的。"[18] 由此足见,麦迪逊的宪制探索存在于一个悠久的"跨大西洋"智识谱系内。[19]

但问题是,麦迪逊只能设定开始的基调,却无力决定辩论的结果。所以才有了本章开头那个忧伤的年轻人,一点也没有宪法之父该有的样子,过去百余天的辩论虽起始于他的蓝图——著名的"弗吉尼亚方案",但最终,他认为自己是一个失败者,自己的方案并没有被全盘接受。按麦迪逊原本所设,各邦在新的国家政治中应当按人口来分配代表权,结果在大妥协中给抹掉了。更麻烦的,也是让新宪法命运未卜的,还有原本作为新宪法所"绝对必需的",现在却遭遇阻击,被挡在文本之外。费城会议结束一个月后,在一封落款于10月24日的长信中,[20] 麦迪逊向远在大西洋彼岸的杰斐逊道出了他心底深处的担忧:宪法草案有一个致命的缺失,就是未赋予新国会对各州立法的否决权。用麦迪逊写在信中的话来说,"在我看来,这样一种对各邦的制约是必需的,目的有二,第一,为了防止对整体权威之侵犯;第二,为了去除各邦立法中的不稳定和不公正。"国会之否决权,事关宪制之全局,麦迪逊紧接着将它上升为"由整体而对部分的制约",

---

[18] Noah Feldman, *The Three Lives of James Madison: Genius, Partisan, President*, p. 75.
[19] 关于麦迪逊这一代的智识世界,尤其是其中的"跨大西洋"交流,可参见美国建国史中的"意识形态学派"的作品,比如 Alison LaCroix, *The Ideological Origins of American Federalism*, Harvard University Press, 2010。
[20] Letter from James Madison to Thomas Jefferson (Oct. 24, 1787), in *James Madison Writings*, pp. 142-158.

断言若没有这种制约,"我们的系统就包含着国中之国的罪恶(imperia in imperio)"。[21]

宪法史中的麦迪逊什么样子?根据《联邦党人文集》,浮现在我们眼前的麦迪逊一定是一位建国长者,但若继续勾连麦迪逊这一年私人通信的暗线,那么我们可以"侧写"出另一个麦迪逊——一个在《联邦党人文集》中不曾显现的悲观青年。他之所以对"国会否决"如此重视,根源于他此时对各邦的立法乱象发自内心的忧惧。故此,国会否决权,即由代表全体的新国会去节制作为部分而存在的各州,就成为这个麦迪逊心头的执念。当年4月16日,费城会议开幕前,麦迪逊从纽约写信给华盛顿,商讨"制宪"大业并陈述他所志于的"某种中间立场"(middle ground),信中说,"在所有可能之情形中,对各邦之立法法案的某种否决,在我看来,乃是绝对必需的"。[22] 关于这一点,我们还能参考他为费城会议准备的另一份文件《联盟政体之诸罪》。[23] 这里没有必要逐一重述麦迪逊编号列出的12条罪状,但其中占据最大篇幅的是他所诊断的各邦立法四宗罪,分别为"繁多""易变""不公"和"无能"。[24] 如此连贯起来,国会否决权在麦迪逊的蓝图中原本便是枢纽之所在,现在,既然"绝对必需的"被关在宪法大门外,那么新宪法所创制的政府就没有

---

[21] Letter from James Madison to Thomas Jefferson (Oct. 24, 1787), in *James Madison Writings*, p. 146.
[22] Letter from James Madison to George Washington (Apr. 16, 1787), *in James Madison Writings*, p. 81.
[23] Vices of the Political System of the United States (Apr, 1787), in *James Madison Writings*, pp. 69–80.
[24] Ibid., pp. 74–80.

摆脱邦联的致命伤,"国中之国"的危险仍未根除。读麦迪逊10月的那封信,他说得很清楚,在任何社会,即便"最高权"说不上必要,但"至少,一种控制权是必需的",如此才能避免局部对整体的侵犯。[25]

应当指出,上文所引麦迪逊的信件、笔记和论文,并非独家材料,在各种版本的麦迪逊选集中都有收录,在网上随处可见的"建国文献"辑录里,也都是核心文本。按照美国本土的史学标准,这些材料并无新意可言,不过是最起码的"传世文献"。但就本章写作而言,自觉以中国学者的立场来研究美国宪法,将这些此前被认为同司法无涉的政治文献纳入宪法学视野,某种意义上就是在发掘"出土文献"。以建国者之间的私人通信为例,既然是私人的,那就意味着在一定时期它们是秘密的,世人轻易不可知;但它们出自历史创造者的手笔,也可以想见终有一日会作为建国档案而公之于世。[26]今人能想到的,麦迪逊不一定想不到,所以他很可能会在私人信件中留下某些一时不可对公众所言的思考。试想,麦迪逊致杰斐逊的长信落款于10月24日,而他后来收入《联邦党人文集》作为第10篇的文章最初刊于纽约报纸,是在11月23日,这两篇文字写于同时,却诉诸不同读者,一私一公,私人性质的文字吐露的爱与怕,折射出老材料的新意义。将《联邦党人文集》第10篇带回这一此前被隐藏起来

---

[25] Letter from James Madison to Thomas Jefferson (Oct. 24, 1787), in *James Madison Writings*, p. 146.
[26] 参见 Jonathan Gienapp, *The Second Creation: Fixing the American Constitution in the Founding Era*, p. 287。

的语境中，我们就能对此篇为什么主讲"大国共和"有更贯通也更透彻的理解：大国之意，亦即麦迪逊所讲的"扩展疆域"，就在于广土众民的社会可以实现派系间的均势。小社会里三五成群，就能将私利写入立法，但大国派系林立，要结成多数派并非易事，这就是麦迪逊所言的以共和之方式去救治共和之病症。[27] 这样"公私兼顾"地理解麦迪逊，让他统一起来的就是目睹各邦立法怪现状后的宪制反思。他对各邦立法暴政责之越深，就对国会否决权爱之越切，它之所以绝对必需，就在于为制约地方派系立法所必需。这种由整体对局部的制约，构成了麦迪逊宪制蓝图的关键环节。

故此，若将美国宪法之制定概括为在原则与妥协之间，就意味着麦迪逊未能将他头脑中的蓝图完全实现。去世前两年，麦迪逊在信中交代，宪法是"许多脑袋以及许多双手的作品"，[28] 由此导致一个我们后来者回望历史时难以觉察的宪制难题，一种创始者且当事人才能体验的悖论。当他们以一部成文法典的形式勾勒出政府骨架后，他们却不知道这个经由集体妥协而成的创制究竟为何物——他们不知道自己创造了什么，只知道自己创造的不是什么。也就是说，在既有的政治词汇中，制宪者找不到对应的概念来表达新政府，做得出，却说不出来。这种"说不出来"的体验，恰恰在麦迪逊的笔下表现得最清楚。我们读《联邦党人文集》第39篇，

---

[27] 参见赵晓力：《以共和反对民主：〈联邦论〉解读》，《清华法学》2010年第6期，第45—47页。
[28] 转引自 Gordon Wood, *Revolutionary Characters: What Made the Founders Different*, p. 157。

在这篇思考如何落实即将展开之"政府蓝图"的文章中,麦迪逊在最后以"所以说"(therefore)给出了一整段的结论:

> 所提议的这部宪法,严格说来,既不是一部国家宪法,也不是一部联邦宪法,而是两者的组合。就立宪根基而言,它是联邦的,而不是国家的;就政府常规权力的根源而言,它部分是联邦的,部分是国家的;就常规权力的运转而言,它是国家的,不是联邦的;就权力的延伸程度而言,它又回到联邦,而不是国家性的。最后,就增补修正案的权力模式而言,它既不全是联邦性的,也不全是国家性的。[29]

这确实难住了宪法之父,即便到文末必须下结论时,麦迪逊还是不知道如何"简言之"。我们在这里不进入麦迪逊此篇结论的实体,只要抽出文字的表述:"既不是……也不是……","是……而不是……","部分是……部分是……","既不全是……也不全是……",反而能轻易下个结论。宪法之父在写作时一定很纠结,虽然在语法上几乎穷尽了可能的逻辑和表达,但他还是无法痛快地下结论。读《联邦党人文集》,首先要理解它写作的语境。从一开始,这本书就不是学术逻辑的产物,不是学者研究联邦党人宪法思想的成果。严格说来,麦迪逊不是在写书,写作此篇时,他压根不知道将来会有"The Federalist Papers"这部文集。恐怕他也很难

---

[29] Alexander Hamilton, James Madison, & John Jay, *The Federalist*, p. 252.

想到，不用多久，他就要同合作者汉密尔顿分道扬镳——当然更无所谓文章被翻译成中文，并有了《联邦党人文集》的中译名。如果我们倒推历史，联邦党人制定了一部联邦宪法，写作了《联邦党人文集》，由此启动了新的联邦政府，一切看起来如此顺理成章，一环紧扣一环，历史大势浩浩荡荡。但问题是，姑且不论麦迪逊此时到底算不算联邦党人，在最初刊于纽约报刊的麦迪逊文章中，"宪法之父"可从来没说过这是一部纯粹的联邦宪法。我们要认真对待麦迪逊所言，在给新宪制定性时，他选择了"既不是……也不是……"这种双重否定的表达，以不下结论的方式下结论。"两者的组合"，也就意味着这是一种结合"国家性"和"联邦性"的混合宪制，在麦迪逊时刻，新宪制是一种"联邦已过但国家未满"的中间状态。

也是在这里，潜伏着阅读《联邦党人文集》的最大陷阱：在争取新宪法的斗争中，恰恰没有《联邦党人文集》意义上的"联邦党人"。若非要一分为二，那时只有主张革新的宪法之友和坚持现状的宪法反对派，而非联邦党人和反联邦党人。在历史上，联邦党人只是在新宪制上线之后才在斗争中成长起来，与其相爱并相杀的，是由杰斐逊和麦迪逊组织起来的民主共和党。由是观之，"反联邦党人"更多的是一种政治上的拟制，是历史后视镜里的"追封"。翻阅原文，当麦迪逊提到"联邦"（federal）时，他所指的恰恰是作为现状的"邦联"（confederacy）。在围绕宪法草案而展开的政治辩论中，"联邦"同"邦联"，这两个现如今在宪法学理上可做非此即彼之辨析的概念，在当时的政治话语中却是混用的，都是对《邦联条例》下"各邦联盟"之法权结构的定性，也是新宪法所要打破的现状和予以变革的宪制结构。只是由于宪法会议上不得不做出的妥协，最终形成的宪法草案便成为新与旧的混合。旧的仍有留存，"邦联"/"联邦"的基础并没有全盘推翻。根据麦迪逊的蓝图，国会两院原本均应按各邦人口多少来分配代表名额，但出炉的方案却是一个标准的妥协：众议院的代表权按人口来分配，参议院则实行无论各州大小代表权平等的原则。制宪所要追求的，是走向"国家"，只是受制于政治引力，这个跨越并不彻底。新宪法文本所创制的，根本不是宪法反对者大做文章的黑暗体制，即一个纯粹的、融各邦为一体的国家政府。

若用"合众为一"[30]来概括美国制宪建国的过程，那么此时只能说迈出了"合众"这一步，而在合众之后的联合体到底是什么，麦迪逊时刻的宪法并没有提供答案，它越过了联邦/邦联，但尚未走到单一共和国的底站。故此，麦迪逊判定新宪制是国家和联邦的组合。说到底，宪法到底创制了什么，宪法之父也说不出来，他的词典里没有这个词。新宪法所出的这道难题，不仅青年麦迪逊回答不上来，即便到了1830年，新宪法转眼已经历四十余载的磨砺，麦迪逊在答复丹尼尔·韦伯斯特的信中仍这样写："合众国的政府系统，就其起源来说是史无先例的，就其结构来说是异常复杂的，就其某些特征来说又是如此怪异，以至于在描述这个系

---

[30] 参见刘晗：《合众为一：美国宪法的深层结构》，中国政法大学出版社，2018年，第1—16页。

统时，政治词汇无法提供足够特定且合适的术语，而只能求助于事实的诸般详述。"[31]翻阅麦迪逊晚年的通信，在答复新一代小读者的宪法问题时，他不断重提宪制之不可定义只能描述，"应当想到的是，合众国政府作为一个新事物（novelty），一个复合体（compound），没有任何一个技术性的术语或名词可适用于它，而且旧词语必须用出新意义，视乎语境或者情境事实所做之解释"。[32]年轻的历史学家吉因艾普就提醒我们这种实践先于表达的问题，"激进的创新——就是当美国人重构他们的宪法世界之时所释放出的那种——就会把语言，就其本质而言是贫瘠的，抛在后面"。[33]由他对晚年麦迪逊更详细的引述可见，即便走到人生边上，宪法之父仍保持着如初的那种追问和好奇。

简言之，忠实还原麦迪逊在历史进程中的思考，则新宪法既然是在"创制"，亦如序言所示"我们人民……特制定本宪法"，那么它就不会是原有邦联一成不变的延续。但这场由羊皮卷宪法所发起的变革也不可能斩断过去，新瓶里仍然装着一些旧酒，新宪制于是呈现为国家和联邦的混合。到了《联邦党人文集》第51篇，麦迪逊就把新宪制称为"复合共和国"（compound republic），区别于全部权力由中央政府来行使的"单一共和国"（single republic）。[34]在麦迪逊

---

[31] Letter from James Madison to Daniel Webster (May 27, 1830), https://founders.archives.gov/about/Madison.
[32] Letter from James Madison to Nicholas Trist (Dec. 1, 1831), https://founders.archives.gov/about/Madison.
[33] Jonathan Gienapp, *The Second Creation: Fixing the American Constitution in the Founding Era*, pp. 328–329.
[34] Alexander Hamilton, James Madison, & John Jay, *The Federalist*, p. 342.

的思维中，新宪制必须有能力以整体节制部分，故此国会否决权成为这位年轻人心头的执念，但所谓的"合众为一"此时也只能走到这一步，至于这个合众而成的"一"到底是什么，答案一定是开放的，宪法作为剧本未作定论，取决于宪法生成后的政治发展。而现在，宪法之友所能承诺的，就是这个"一"并不是全体各邦一盘棋，不是要切割历史而将各邦融为一体。既然新宪制保留了"联邦"的要素，那就不可能是反方所忽悠的"吞并"（consolidation）。在当年4月写给华盛顿的信中，麦迪逊的立论前提就是"考虑到将整体合并为一个单一共和国既不可能，也非恰当，我将追求某种中间立场……"。[35] 到了1819年，马歇尔首席大法官也在美国银行案的判词中回顾建国当年："即便是政治梦想家，也不会疯狂到这个地步，竟会想着要打破将各邦区分开来的边界，将美国人民混合为一个无差别的大集体（one common mass）。"[36] 由是观之，"合并"是制宪当年不可触碰的红线，它仅见于反联邦党人的修辞攻势。

如此，在概括此次制宪的创制成就时，就要基于两个认识论的前提，亦即新宪法之正反双方都承认的共识。第一条是不改不行，各邦"不联合起来，就是死路一条"，如麦迪逊在10月长信中告知杰斐逊的，"要珍视且保存各邦之联合体，看起来是整个会议真诚且共同的愿望"。第二条就是不可乱改，"合众为一"并不意味着抹去历史所形成的各邦身份。

---

[35] Letter from James Madison to George Washington (Apr. 16, 1787), in *James Madison Writings*, p. 80.
[36] McCulloch v. Maryland, 17 U.S. 316, at 403 (1819).

新宪制也就存在于两条红线所确立的端点之间，故此为麦迪逊所言的"中间立场"——"既能支持国家权力在适当范围内的至高无上，同时又不会排除地方性的权威，只要它们可以做到在所辖管区内有所作用"。[37]"道可道，非常道"，宪法之父说不出他创制的是什么，只知道它不是什么，以不下结论的方式做结论，而接下来他要做的，就是在实践宪法的过程中理解"宪法"。

三、释宪："意图不可能取代已确立的解释规则"[38]

在《联邦党人文集》第14篇，麦迪逊写道："这难道不是美利坚人民的光荣——虽然他们对从前和其他民族的观念给予了适度的敬意，但却没有盲目崇拜古代、习俗抑或名义，且任由这种盲信推翻基于自身良性感知所推演出的建议，自身处境所成就的知识，自身经验所提炼的教义？"由此该篇的结论是，"他们实现了一场在人类社会编年史上前无古人的革命"。[39]在宪法草案尚待各邦人民批准的关头，《联邦党人文集》里的麦迪逊壮怀激越，同汉密尔顿并肩护法。问题于是来了，为什么新宪法刚生效，在华盛顿第一届总统任内，原本如同总统左膀右臂的两位，在汉密尔顿提出设立国家银行的议案后，便上演了一出令后来者众说纷纭的决裂呢？通

---

[37] Letter from James Madison to George Washington (Apr. 16, 1787), in *James Madison Writings*, p. 80.
[38] 转引自 Alison LaCroix, "The Constitution of the Second Generation", 2013 *University of Illinois Law Review*, p. 1785 (2013)。
[39] Alexander Hamilton, James Madison, & John Jay, *The Federalist*, pp. 84–85.

常认为，改变的是麦迪逊，他不再是那个为中央集权正名的联邦党人，而摇身变为主张从严解释新宪法的州权派，投身杰斐逊的怀抱，携手组建起民主共和党，正因此，建国史中就有所谓"两个麦迪逊"的问题。[40]姑且不论这一问题是否成立以及如何解决，麦迪逊同汉密尔顿在宪法投入使用后的第一个回合就决裂为敌，这一基本事实只能说明一点，无论新宪法是多么伟大的成就，它也只是万里长征之第一步。如前所述，既然这是人类政治社会的第一部成文宪法，那该如何使用便当然没有现成的教科书可参照；更何况，新宪法又在字面上绘制了一幅不可说的政府蓝图，这种从源头即植入的妥协，就会造成一部宪法各自解释的路线斗争。故此，新宪法虽然已经写在羊皮卷上，"依宪治国"四个字说起来简单，但如何"依"，又如何"治"，"宪"是什么，"国"又是什么，没有一个有现成答案，麦迪逊本人也全无规划可言。他所能做的，就是摸着宪法介入政治，由此也开启了对宪法认识论的某种"立法"。如同麦迪逊在1789年6月所讲，"我们身处一片荒野，没有一个脚印可以为我们指引方向"。[41]

在"依宪治国"四个字中，在指导"依"和"治"的方法论之前，还有关于"宪"和"国"的本体论。新宪法在起草时没有附赠生效后如何使用的手册，不仅是麦迪逊，即使是华盛顿此刻也面临着如何做总统的难题。美国宪法第

---

[40] Gordon Wood, *Revolutionary Characters: What Made the Founders Different*, pp. 141–172.
[41] 转引自 Fergus Bordewich, *The First Congress: How James Madison, George Washington, and a Group of Extraordinary Men Invented the Government*, p. iv。

二条创设了总统及其所领导的执法分支,华盛顿众望所归,当选首任总统,问题在于,条文不过是剧本的角色人设,载明了总统的任期、选举方式和职权范围,但总统一旦上任,进入角色后要如何"做",第二条仅有一句"他负责使法律得以忠实执行"。对于人类历史上的第一位总统来说,如何"做"总统这种前人从未做过的事,宪法第二条共四款,所能提供的指示恐怕还赶不上送他"如履薄冰"四个大字。华盛顿看着宪法中的"President",大概就像中国人初遇这个英文单词,把它翻译成"伯理玺天德"没错,译成"总统"也可以,这么说并不是我们凭空脑补伟人的心思。1789年3月,即将就职总统前一月,华盛顿就在自家弗农山庄写信给麦迪逊:"关于作为首席执法官(Chief Magistrate)的适宜风格,无论是意愿或意图,我都要服从公众之欲求和期待,但在当事人就职前,最好要知道公众期待些什么。"[42]这么看,华盛顿在任上的一举一动,不仅是在做总统,而且是在塑造总统宪制。如历史作家谈到建国初,"总统职位仍是一个进行时的作品",[43]我们也可以认为,制宪会议结束了,新宪法得到人民批准也生效了,但宪法如果说有时态,那既不是一般过去时,也不是现在完成时,而是仍在进行时之中。说得再简单些,只要制宪者仍在人间,那么制宪会议就是曲终人不散,制宪者如何解释宪法,某种意义上就是制宪的延展或持续。

---

[42] 转引自 Fergus Bordewich, *The First Congress: How James Madison, George Washington, and a Group of Extraordinary Men Invented the Government*, pp. 79-80。
[43] Ibid., p. 80.

华盛顿如何"做"总统，麦迪逊就怎样"摸"宪法。作为这部成文法的设计师，麦迪逊当然比任何人都更清楚，新宪法对某些问题做出了决议，建造了新政府得以起航的码头；但反过来说也同样成立，即它只规定了自己所能规定的，成文宪法只是光线微弱的灯塔，在其照亮的范围以外，全是掌舵者伸手不见五指的黑暗，对于这些看不见的领域，宪法文本保持沉默。麦迪逊在《联邦党人文集》第37篇也有类似比喻：历史上曾存在过的邦联体，其作为先例所提供的指引只是灯塔之光而已，"只能做出警告，哪些航路不可涉足，而无力提供引导，应当走哪条路"。[44] 新宪法在逻辑上也是如此，它能取得共识的仅限于它不是什么，而至于它是什么，却是一道怎么回答都不为错的多选题。谁都知道路在脚下，要迈出步子的却是麦迪逊。也是在第37篇中，他在新宪法尚未生效时就已意识到解释的必要性："所有新法，无论执笔者有多么卓越的立法技艺，且经历了最充分和最成熟的审议，或多或少仍是语义含混，或模棱两可的，必须通过一系列具体的讨论和裁决，新法的语义才能得以澄清并成型。"[45] 简言之，语言就其本质而言是模糊的，故宪法要适用于具体的政治场景方能越辩越明，而我们下文讨论麦迪逊的宪法解释，重点不是从教义学上解析具体争议或者示范操作方法，而是要揭示教义学未予认真对待的认识论前提。宪法学教科书上列举的解释方法，那些为教义学奉为金科玉律的东西，

---

[44] Alexander Hamilton, James Madison, & John Jay, *The Federalist*, pp. 228–229.
[45] Ibid., pp. 231–232.

到底从何而来？如果说以下讨论说明了什么，那就是这些被认为具有指导意义的方法论，恰恰是在宪法辩论过程中形成的，不存在先于具体解释的抽象方法论。正是在疑义相与析的漫长过程中，一部宪法同它的解释方法才得以相互理解，最终和解为我们学者所提炼的方法论。在此意义上，宪法解释方法不可能放之四海而皆准，而必定是内生于具体的历史进程和政治场景，从混沌一步步走向秩序。

正因此，我们讲麦迪逊如何解释宪法，一定要有学理上的觉醒，并不是要在宪法解释方法的谱系中找到一个安放麦迪逊的位置。他在方法论上处在哪家阵营，这种教义学的问题不值得探讨，因为这不是麦迪逊的问题，只是宪法学者的问题，如果学者愿意，他们可以变戏法地变出无数个麦迪逊，把宪法解释方法装扮得法影斑斓。站在麦迪逊的立场，宪法解释的问题归根到底只有一个，就是如何处理他和这部宪法的关系，面对新生的宪法，他如何摆正自己作为宪法之父的位置，学理化的表述就是宪法解释应当如何安顿制宪者的原意。在现代宪法理论的版图内，这属于原旨解释的领地，但制宪者同宪法解释到底是什么关系，恰恰指向着原旨主义所无法回答之重。近年来原旨解释在美国司法领域兴起，原因是保守派要去制约宪法解释的自由派作风。其逻辑是这样的，既然宪法解释"大法官说了算"，那么就用制宪者的原意来约束法官，因为原意是凝结在制宪史中的，所以就是用历史形成的不变来约束当下的变动不居。但问题是，原旨是什么，于今人来说是要在建国时代的宪法档案中动手动脚，但对麦迪逊来说，他在费城会议上怎么说，就是原旨，他怎

"编辑"会议记录,也是原旨,他晚年在信中与青年一代谈革命生涯和人生经验,还是原旨。麦迪逊就是原旨本旨,只要他活着,原旨就处在某种躁动不安的青春期。不仅原旨是什么,甚至更前置的,原旨在哪里,解释宪法是不是一定要原旨主义,凡此种种,从逻辑上都可以在麦迪逊的头脑中构成一个内循环。换言之,即便麦迪逊亲口承认自己并非原旨主义者,他是怎么想的,同宪法解释没有半点关系,但在我们这里,研究麦迪逊就意味着对原旨主义作为宪法文化的某种承认。

1830年,麦迪逊在答复时任国务卿马丁·范布伦的信中写道:"我意识到宪法文件必须自己能说话,而意图(intention)不可能取代已确立的解释规则(established rules of interpretation)。"[46]这个论断,来自两代政治家之间的对话,可以说凝练了麦迪逊在解释宪法时最基本的问题意识:虽然他就是宪法原旨——若非如此,一位国务卿,背后站着新一代的军功总统,何必要就宪法问题求教于一位八旬老人呢?但他所要做的,恰恰是要在自己的有生之年去驯服"原旨"这个猛兽,只要这个原旨本旨一息尚在,任何挟原意以令宪法的政治力量都难过麦迪逊这一关。但问题是,这个原旨的肉身总有要去见杰斐逊的一天,故此驯服原旨就要依托宪法实施之初形成的某些制度,也即麦迪逊对后来者说的"已确立的解释规则"。问题在于,麦迪逊所言的这些解释规则究

---

[46] 转引自 Alison LaCroix, "The Constitution of the Second Generation", 2013 *University of Illinois Law Review*, p. 1785 (2013)。

竟是什么，它们又是如何确立的？简言之，麦迪逊是如何为宪法解释"立法"的？

首先，别弄错，麦迪逊所要做的是驯服原旨，并不是要把制宪者的意图抛到九霄云外。既然是驯服，也就预设着意图在宪法解释中首先应当是在场的，只不过未经雅驯的原旨往往过于凶猛，尤其是在建国者春秋正盛的岁月，活原旨一不小心就可能将幼弱的宪法取而代之，故而才要立规矩，使得这个原本桀骜不驯的猛兽变得温良些。1791年2月，在汉密尔顿提出设立国家银行的报告后，麦迪逊认为联邦政府在新宪法框架内仅有"列举出"的有限权力，无权做银行立法。他在国会发言中提到："在有争议的案件中，文件之当事方的想法，如若可以由整理适宜证据而得出，就是一种适当的引导。"[47] 如他所述，"当事方的想法"当然指的是某种意图，但如此匆匆带过还是留下许多问题未回答。首先，谁才是宪法这部文件的"当事方"，是参加费城会议的宪法起草者，还是各邦分别召开的批准会议，抑或宪法开篇即召唤的"我们人民"？麦迪逊此时留了个悬念。其次，到底什么才构成可用于证明意图的"适宜证据"，麦迪逊也没说清楚。最后，造句遣词时，麦迪逊用了"meaning"，而不是"intention"，也可知他此时对"原旨"解释只有模糊的想法，还谈不上清晰的意图。

到了华盛顿总统的第二任期，1796年4月，当《杰伊

---

[47] 转引自 Jack Rakove, *Original Meanings: Politics and Ideas in the Making of the Constitution*, p. 352。

条约》的拨款问题进入国会后，麦迪逊在众议院辩论中回答了"谁的原旨"这个问题，他既否认自己可以为费城会议之全体而代言，也当仁不让于师，反对华盛顿总统援引费城会议日志的解释策略：

> 对于制定我们宪法的那些人，无论应当致以何种敬意，但在解释这部宪法时，这些人的认知（sense）从来都不能成为神谕的指引（oracular guide）。宪法这部文件出自他们之手，但那时的宪法不过只是一种蓝图的草案，一部没有生命的文件，直至人民发出声音，通过各邦之宪法会议，才为这部文件注入了生命和效力。所以，如果我们想要透过宪法文件之表面而探索它的含义，我们所要搜寻的，并不是费城会议，它只是提议了这部宪法，而在于各邦的宪法批准会议，是它们认可并批准了宪法。[48]

这段话是麦迪逊国会生涯的"伟大发言"之一，[49] 同《联邦党人文集》第40篇间隔近十年，却遥相呼应，道出麦迪逊最内核的宪法观：宪法的正当性来自人民自己的同意，而人民在制宪时刻要发出自己的声音，是以"各邦之宪法会议"为喉舌的。于是，本体论决定了解释论。宪法文件的当事方，就是各邦分头召集的宪法批准会议——新宪法之所以拿

---

[48] Speech in Congress on the Jay Treaty (Apr. 6, 1796), in *James Madison Writings*, p. 574.
[49] Noah Feldman, *The Three Lives of James Madison: Genius, Partisan, President*, p. 403.

掉"草案"二字，按照正文第七条的规定，本就基于一个"九邦新造"的建国过程。[50]故此，原旨在哪里？不在单数的费城会议，而在复数的各邦宪法会议。也就是说，在宪法之父看来，这部宪法之诞生可以分为两个阶段，首先是费城会议提出草案，而后由人民以所属各邦为组织单位进行审议并批准。若无人民的同意，费城宪法就止步于一部草案，一纸空文，如詹姆斯·威尔逊所言，宪法会议"可自由提出各种方案"，却"无权做任何结论"。[51]

如是我们就可以理解麦迪逊为何如此安排手中笔记：每当掀起宪法争议风波，从来不乏要麦迪逊公开他的费城笔记的请求，这种举动所传达的，当然也是一种泛原旨解释的心态和策略。但麦迪逊一再婉拒，在一封写于1821年的信中，他声称要在去世后才会出版会议笔记，"或者至少……等到宪法已经在实践中得到了周全的安顿，且任何对制宪进程之争端的信息不会被用于不适当的表达"，因为在解释宪法时，费城会议的辩论和决策"没有任何权威性"，其价值不过是满足要追溯政治制度源流的"值得感佩之好奇心"。[52]真理越辩越明，为什么不在与会代表尚在世的时候，各自现身对质，不仅满足国人的求知欲，也为后世的宪法解释确立了不可易的准据——这不正是原旨主义在当

---

[50] 关于"九邦新造"的具体分析，可参见本书第三章的论述。
[51] 詹姆斯·威尔逊1787年6月16日在费城会议上的发言，参见［美］詹姆斯·麦迪逊：《辩论：美国制宪会议记录》，尹宣译，译林出版社，2014年，第120—121页。
[52] 转引自 Richard Arnold, "How James Madison Interpreted the Constitution", 72 *New York University Law Review*, p. 280 (1997)。

代美国大行其道的原因吗？当代学者一眼望穿，为什么麦迪逊却看不透，非要在身后才出版费城笔记呢？小人之心的解读是他要自己的版本死无对证——麦迪逊晚年确实"编辑"过留存手中的笔记，[53] 但这样恶意揣测麦迪逊之心，恰恰不符合他对宪法会议的冷处理。既然反复强调费城那些事担当不了解释宪法的神谕，那他也没有必要为此在其中动手脚。

等什么？麦迪逊说得很清楚，他在等一个未到的时机，等待这部宪法经由实践的磨炼而得到"周全的安顿"，他要守护着这部宪法在实践中不断成长。麦迪逊这位"父亲"，不是凡是派：凡是费城会议的指示，都要始终不渝地遵循；而是实践论者，以"实践"作为检验解释宪法的主要标准。待这部宪法得以安顿，也等到了制宪者一代从舞台谢幕，届时，原旨也就谈不上"家长意志"，而成为在历史进程中凝结成形的"实践"。可以看到，在麦迪逊的宪法世界，凡是为"实践"所检验的，甚至可以推翻此前由原旨所指令的，他在美国银行议题上的态度反转就是最好的例证。如前所述，1791年，众议员麦迪逊力主国家银行不在国会的权力清单内，自此分歧后就迅速同汉密尔顿走向决裂。但到了1816年，总统麦迪逊却为何签署了为银行续期的国会法案？他手中的否决之笔哪儿去了？宪法第一条关于国会立法权的规定一字未变，但当年的违宪为何变为合宪？又

---

[53] Mary Sarah Bilder, *Madison's Hand: Revising the Constitutional Convention*, Harvard University Press, 2015.

过了十五年，1831年，长者麦迪逊在答复新一代政治家海因斯的信中对此有过自辩："但即便是这里，前后不一致只是明显的，却不真实。"[54] 此言又怎讲，为什么眼见却不为实？从抵制银行的国会领袖（1791）到签字续期的战后总统（1816），麦迪逊人到晚年（1831）又是如何让两个自我相互和解？

首先，麦迪逊承认，他对宪法文本的"抽象意见"并未变，仅看他私人之初心，国会仍无权设立国家银行。但他也亲自见证，国家银行自1791年起开始运转，长达二十年的存续得到"整个国家及其所有地方权威的完全默认"，"这一系列权威的论断，审慎、稳定且全体一致，足以构成证明，公意（Public Will）推翻了个人的意见"。[55] 翻译一下麦迪逊这句话：若国家银行是违宪的产物，那何以华盛顿签署了银行法案，杰斐逊在其任内会坐视不理，各州也未曾起来抵抗联邦暴政？银行机构的持续存在，且得到共和国内所有公共权力的默许或合作，证成了麦迪逊在信中大写的"公意"两个字。在1826年写给法国友人拉法耶特的信中，麦迪逊也表达过这种小我要服从大我的解释论："我感到，作为一个公共人，自己并没有自由为了私人的意见，牺牲所有这些公共考量。"[56]

但麦迪逊在这里并不是推定存在即合理，或强权即公

---

[54] 转引自 H. Jefferson Powell, "The Original Understanding of Original Intent", 98 *Harvard Law Review*, p. 940 (1985)。
[55] 转引自 Richard Arnold, "How James Madison Interpreted the Constitution", 72 *New York University Law Review*, pp. 288–289 (1997)。
[56] Ibid., p. 289.

理，国家银行当然也不是"良性违宪"逻辑上的存在。共和国内"公意"或"民意"（public opinion）应如何凝聚且运转，是麦迪逊研究中的一个大题目，值得专门撰文，在此姑且不论。[57]但实践出先例，先例成惯例，惯例得到公共权力之许可或默认，最终也就在历史进程中凝聚成公意。由于原旨只是制宪者个人的意图，故此在宪法解释中应当让位于凝聚了公意的先例，仅就宪法解释规则而言，这是在晚年麦迪逊的信件中不断出现的论述。自1826年杰斐逊辞世之后，新一代的激进州权派开始兴风作浪，他们将无法开口说话的杰斐逊奉为理论教父，而在麦迪逊同他们的论战中，围绕着如何阐释杰斐逊政治遗产的问题，[58]实践论得到了系统的阐释，宪法解释规则如何确立，至此已成为政治斗争的利器。1828年，麦迪逊将卡尔霍恩的废止学说斥为"新异阐释"（novel construction），这样的标新立异不可能"经得起……漫长且普遍之实践的滔滔浪潮"。[59] 1830年，他在信中提出宪法解释所要首先考虑的三要素，位列第三的就是"宪法早期、审慎且连续的实践"，它所要压制的，是"因世事之刺激，且因党派或个人浮沉而变幻的阐释"。[60]

要理解麦迪逊驯服原旨的良苦用心，困难根源于时移世易：在宪法解释方法的谱系中，原旨主义之兴起，追求的是

---

[57] 可参见麦迪逊在1792年发表于 *National Gazette* 的系列政论文，in *James Madison Writings*, pp. 492–532。
[58] "杰斐逊记忆的看护者"，可参见 Drew McCoy, *The Last of the Fathers: James Madison and the Republic Legacy*, Cambridge University Press, 1991, p. 130。
[59] 转引自 Richard Arnold, "How James Madison Interpreted the Constitution", 72 *New York University Law Review*, p. 290 (1997)。
[60] Ibid, p. 291.

以制宪者原意作为法官的紧箍咒。也就是说，在学者的逻辑中，原旨主义和活宪法构成了逻辑上的对立两极。[61]但回到麦迪逊所处之时空，"原旨"反而是最能动的活宪法，正如他对盲从《联邦党人文集》的批评，"务必记在心间，它的作者们有时候可能受制于辩护的热情"。[62]设想一下，回到1791年，当众议员麦迪逊就银行争议论述宪法解释规则时，他也许会想到数年前以普布利乌斯这笔名写的小文章，发表在当时纽约邦的报纸上，但如果认为他有法律责任去遵从其中的观点，那就是我们这些后来者不讲道理了。最后让我们引用麦迪逊在1819年的论述来结束本部分的讨论，出自麦迪逊答复弗吉尼亚法官斯宾塞·荣恩的信件，所点评的是数月前由马歇尔法院判决的美国银行案：

> 这样的情形势必会发生，在宪法诞生时也有所预见：在解释宪法这部文件所必定使用的字和词时，尤其是涉及存在于联邦和地方政府之间的立法的那些文字，难题以及意见之分歧时常会出现；如要这些宪法文字的含义明晰且确定，可能必需一段常规的实践过程（regular course of practice）。[63]

---

[61] 比如 Jack Balkin, *Living Originalism*。
[62] 转引自 H. Jefferson Powell, "The Original Understanding of Original Intent", 98 *Harvard Law Review*, p. 936 (1985)。
[63] Letter from James Madison to Spencer Roane (Sept. 2, 1819), in *James Madison Writings*, p. 735.

四、尾声:"各州之间的共同体……必得永续"[64]

1831年,人到八十,麦迪逊终于见到了这个"活得比自己还要长"的尾声,但世界依旧不太平……

在这出以成文宪法为剧本的大戏中,所有的表演者,都存在于由宪法所塑造的剧场内。[65] 人在剧场,麦迪逊虽然是宪法文本的编剧,早期联邦政治的导演,但舞台帷幕拉开时,他并没有选择做台下的看客。事实上他也没得选择,他是一个演员,必须登场,必须参与这部宪法"早期、审慎且连续的实践"。当后来者向他请教费城会议那些事时,他首先要做的,是分清楚什么是"我",什么是宪法,即前文所阐释的"意图"不可取代为实践所检验的"解释规则"。今人理解麦迪逊,最大的盲区就是从《联邦党人文集》起,但却不知所终,始终没有把麦迪逊安放在漫长的建国时刻中,但做到贯通理解并不太难,只要看看麦迪逊晚年是如何回忆当年的。就本章所论,麦迪逊人生尾巴上的私人文件,就理解美国宪法而言,丝毫不亚于他在《联邦党人文集》中的篇目。若非要向麦迪逊授予"宪法之父"的头衔,那它不是1787年的最佳新人奖,而是1831年的终身成就奖。

这一年,距离美国革命爆发已有55年,宪法也经历了44年的"实践",自1828年佐治亚州的小威廉·菲尔去世,麦迪逊就是费城会议活在世上的唯一代表。也是这一年

---

[64] Advice to my Country (1834), in *James Madison Writings*, p. 866.
[65] Jonathan Gienapp, *The Second Creation: Fixing the American Constitution in the Founding Era*, p. 326.

6月，麦迪逊在信中写道："我可能被认为活得比我自己还要长。"[66]一个月后，7月4日，他的继任者詹姆斯·门罗也告别人世，继承了杰斐逊和亚当斯的光荣传统。四位总统，竟有三位在国庆日挥别国人，死得何其光荣，且一而再，再而三，成就了后来者在讲述建国史时不可不仰望的"奇迹"。11月，在答复众议员爱德华·艾弗雷特的信中，麦迪逊发出一番"回望昨天剧场深不见底"的感叹；仿佛"重返那些时光和场景，身在其中，我经常是一个演员，从头到尾都是一位观察者，但现在讨论我们宪法的目标和文义时，却基本遗忘了它们"。[67]

麦迪逊这么讲，也是在以自己的方式参与"奇迹"的叙事，"加强已环绕在宪法会议头上的英雄光环"，[68]并不是要释放1787年建国者的"原旨"，而是要告诫新一代生在星条旗下的美国公民，不要忘记宪法的初心所在。如他在1790年同杰斐逊的辩论中所言，"故去者所做出的改进，构成了生者所要担当的债务"，[69]政治共同体生生不息，根源于代际之间的宪制对话和传承。1834年，麦迪逊把建国一代的创制，亦即后来者要担当的债，写在《致我的祖国》这篇政治交代之中："我最确信的，也是发自内心最深处的建议，就是各州

---

[66] Letter from James Madison to Jared Sparks (Jun. 1, 1831), in *James Madison Writings*, p. 858.
[67] Letter from James Madison to Edward Everett (Nov. 14, 1831), https://founders.archives.gov/about/Madison.
[68] Jack Rakove, *Original Meanings: Politics and Ideas in the Making of the Constitution*, p. 5.
[69] Letter from James Madison to Thomas Jefferson (Feb. 4, 1790), in *James Madison Writings*, p. 475.

之间的共同体必须得到珍视，必得永续。"[70] 似乎到此处，所有的一切准备就绪，历史在等待着一个"林肯"！[71]

"大多数国家的幼儿期，要么被深埋在沉默中，要么被披上神话的外衣……美利坚共和国的根源和开端，包含着我们子孙后世不应被剥夺的教义；而幸运的是，从来没有过如此的建国案例，每个有意义的事件都得到如此精准的保存。"[72] 就本章而言，麦迪逊前面所说的"幸运"，恰恰构成了笔者的一种"不幸"，首先是无法穷尽的材料。如前所述，选择以麦迪逊为题，做一项宪法学研究，但无法完成的痛苦最终说明一个悖论："宪法之父"的身份，意味着活在历史中的麦迪逊构成了宪法学理的"黑洞"，故本章开始时就指出，研究麦迪逊，最大的理论自觉就是不读《联邦党人文集》，忘记宪法学教科书上所讲的一切——唯有如此，才能看见"历史中的麦迪逊"。

但本章即便到此为止，也只写出了笔者所能掌握、理解且表达的"麦迪逊"，冰山一角绝非谦词。麦迪逊同汉密尔顿如何从战友变为政敌？《联邦党人文集》的作者为何十年后却写出《弗吉尼亚决议》，构成内战前州权派不断诉诸的经典教义？1812年战争后，总统麦迪逊切身感受到内陆基建的必要，但为何在做总统的最后一天否决了国会的授权法案？此举极富象征意义，让新一代政治家如亨利·克莱大失

---

[70] Advice to My Country (1843), in *James Madison Writings*, p. 866.
[71] 关于林肯和美国早期宪法秩序，参见本书第四章。
[72] 转引自 Jonathan Gienapp, *The Second Creation: Fixing the American Constitution in the Founding Era*, p. 287。

所望。在杰斐逊于1826年去世后，麦迪逊又是如何"照看"杰斐逊的历史遗产，在同南方州权派的辩论中守护着"被遗忘的建国世界"？[73]人到晚年，他是如何答复国务卿马丁·范布伦的求教，在宪法解释问题上指导平民军功总统杰克逊？又是如何同年轻朋友讲述当年的制宪往事？甚至人终曲不散，当麦迪逊夫人向国会出售费城笔记时，约翰·卡尔霍恩又是如何跳出来反对，一如麦迪逊当年主张国会就此事无权立法，让历史重演于华盛顿这座喧嚣之城？以上种种，本章只是简单掠过，这位在世界上走过85年的伟大人物，"他出生在18世纪的中叶，当时距离乔治三世登基还有十年，差几年就能看到维多利亚女王的时代，就在1834年，还同即将登基的维多利亚公主通过信。这个男孩，生而为乔治二世的臣民，去世时是安德鲁·杰克逊之共和国的公民"。[74]在麦迪逊的材料中同"他"相遇，也如同麦迪逊同"宪法"相互成就的政治生涯六十年：

> 一切都是熟悉的，一切又都是初次相逢；一切都理解过，一切又都在重新理解之中。[75]

---

[73] 参见 Drew McCoy, *The Last of the Fathers: James Madison and the Republic Legacy*, p. 119。
[74] Drew McCoy, *The Last of the Fathers: James Madison and the Republic Legacy*, p. xiv.
[75] 苏力：《法治及其本土资源》，北京大学出版社，2015年，第Ⅷ页。

第三章

第二代宪法问题
在国父与国子之间[1]

伟大的事业现在降临新人手上……我们无法在一场争取独立的战争中赢得光荣。更卓越的先辈早已将这些光荣悉数收揽在手。我们也不会有机会坐上同梭伦、阿尔弗雷德大帝这些建国者相比肩的宝座。我们的父辈们已经先占了独立厅。但是,对于我们来说,所存的还有一种守护(defense)与传承(preservation)的伟大义务,不仅如此,我们还肩负着一种高贵的事业追求,时代的精神在召唤着我们。我们所适于担当的任务就是改进(improvement)。让我们的时代成为改进的时代!

——丹尼尔·韦伯斯特,1825年6月17日[2]

韦伯斯特说道:"还有一个问题,我这一生都在为联邦共同体而斗争。那在我有生之年,能否看到这场斗争的胜利,击败那些要撕裂共同体的反对派?"

陌生人冷酷地回答道:"您在有生之年无缘得见,但是胜利终将到来。在您死后,因为您说过的话,成千上万的人们将会为您的事业而战。"

——《魔鬼与丹尼尔·韦伯斯特》[3]

---

[1] 芝加哥大学法学院的艾莉森·拉克劳斯教授曾发表题为《第二代宪法》的论文,参见 Alison LaCroix, "The Constitution of the Second Generation", 2013 *University of Illinois Law Review* 1775 (2013)。我要感谢拉克劳斯教授提出了"第二代宪法"的概念,借助这个概念,我对美国早期宪政史的思考进行了一次由粗到细的整理以及由表及里的概念化表述。但同时也要指出,本章的研究和写作有着一个更为长期的独立过程,本章对"第二代宪法问题"的初步阐释,首先是希望以此构建一种理论导向的历史叙事,思考能否在美国宪法史的叙事中阐发什么是宪制;其次是探索一种具有中国特色的美国宪法史讲述,这在本章中主要体现在如何超越阿克曼关于美国早期宪法史的"建国—重建"两阶叙事。

[2] Daniel Webster, The First Bunker Hill Monument Oration, June 17, 1825.

[3] Stephen Vincent Benét, *The Devil and Daniel Webster*, 1937.

一、在国父与国子之间：第二代宪法问题的历史维度

1. 概述

第二代宪法问题，首先是一个历史问题。如何定义宪法发展中的"代"？为什么要以代际为宪法史讲述的基本单元？为什么要特别关注本章所提的"第二代"？第二代起于何时，又终于何处？这些都是从历史维度来思考"第二代宪法"时必须回答的问题。

根据美国宪法史的主流叙事结构，"建国"和"重建"标示着美国早期宪法发展的两座高峰。如果借用耶鲁大学法学院布鲁斯·阿克曼教授的讲法，则建国和重建都是人民出场的宪法时刻：人民是宪法的主人，而人民的出场就意味着宪法作为高级法的制定或变革。而在建国和重建这两次宪法时刻之间所界定的，就是人民退场的常规政治时段，是两座宪法高峰之间的一段长波谷。这样讲述的话，美国早期宪法

史大致就呈现为一种"两峰夹一谷"的形态。[4]

建国时刻的英雄是以乔治·华盛顿为核心的建国之父。在标准的宪法史叙述中,建国之父们在1776年签署《独立宣言》,投身美国革命,1781年,独立后的各邦批准了作为美国第一部"宪法"的《邦联条例》;[5]到制宪者在1787年费城会议上起草新宪法草案,1788年宪法草案满足其所要求的生效要件,邦联解组,与此同时,新联邦诞生,1789年新联邦政府成立,华盛顿当选首任总统;再到华盛顿完成两届任期后传位给约翰·亚当斯,而在1800年的总统选举中,亚当斯和杰斐逊的竞争造成一场宪法危机,制宪者所设计的宪法政体也在此次严峻考验中完成了第一次政党轮替;最后,对于司法化宪法的讲述者而言,建国的历程必须下探至1803年,这一年,联邦最高法院通过马伯里诉麦迪逊案确立了司法审查权。1776年至1803年构成了美国宪法史上的建国时刻,留下了一段惊心动魄的三十年史。在这个宪法创世记的故事中,建国之父创制了原初的宪法秩序,由于这部诞生于1787年的宪法至今仍是美国的现行宪法,所以就有了口耳相传的"超稳定性"叙事。根据极端保守派的叙事,美国政治的全部意义都可以回溯至这段共同体初创的立法期,

---

[4] 参见[美]布鲁斯·阿克曼:《我们人民:转型》,田雷译,中国政法大学出版社,2014年。
[5] 《邦联条例》的法律性质究竟是美国的第一部宪法,还是各主权邦之间的条约?美国宪法学界有着不同的认识。关于这一问题的辨析,可参见Akhil Amar, *America's Constitution: A Biography*, pp. 25-31。在美国早期宪法史上,《邦联条例》的定位可以说是牵一发动全身的关键问题,因为它直接关系到如何以及以何种理由证成1787年费城宪法的正当性,而在第二代的语境内,这一问题并不构成决定因素。

仿佛国父已经解决了全部的政治问题，后来人只需"以法律为准绳"，与时俱进地适用国父的旨意。即便是在自由派的历史叙述中，建国之父的三十年也是意义非凡的一段历史，完成了美利坚共同体的独立革命、制宪建国和政权交替这三件大事，因此同样是美国宪法史的第一座高峰乃至"绝顶"，只要共和国还存在一天，它就是前无古人，后无来者。[6]

建国之后，就是重建。在美国两百多年的宪法史内，只有重建可以望建国之项背。建国是 Founding，重建就是 Reconstruction，建国的故事围绕着 Founding Fathers（建国之父），而重建的主角则是以林肯为代表的 Founding Sons（建国之子）。[7] 在美国宪法史的叙述中，"重建"这次宪法转型起始于林肯在 1860 年秋当选为合众国第十六任总统，经历了史称"脱离之冬"的三个月候任期，在 1861 年 3 月入主白宫时，林肯面对着一个"分裂之家"，南方脱离各州已经组建了新的南方邦联，一个月后，萨姆特堡的枪声拉开了历时四年的内战序幕。内战结束后，共和党人将共计三条重建修正案写入了美利坚民族的高级法，宣告了林肯在葛底斯堡

---

[6] 当然，并非所有宪政主义者都对建国制宪时刻大唱赞歌，在费城宪法诞生两百周年之际，联邦最高法院史上第一位黑人大法官瑟古德·马歇尔就在《哈佛法律评论》上撰文，批评制宪者用宪法保护奴隶制的道德原罪，参见 Thurgood Marshall, "Commentary: Reflections on the Bicentennial of the United States Constitution", 100 *Harvard Law Review*, p. 1 (1987)。在举国歌颂宪法两百周年的时刻，马歇尔以其大法官的政治身份，在最权威的法学刊物上将火力对准建国之父，若不是马歇尔的黑人身份，无异于政治自杀。

[7] 有学者用"建国之子"来称呼第十四修正案的主要起草者约翰·宾厄姆，我们可以将此称号扩展适用于林肯这一代政治家，参见 Gerard Magliocca, *American Founding Son: John Bingham and the Invention of the Fourteenth Amendment*, NYU Press, 2013；也可参见 Richard Brookhiser, *Founder's Son: A Life of Abraham Lincoln*, Basic Books, 2014。

演说中所承诺的"自由的新生",在内战胜利的基础上以法律的形式确认了联邦共同体统一不可分裂。重建是对建国宪法秩序的再造,但这种再造并不意味着改旗易帜的背叛。重建者还是建国之父的孩子,林肯既是最大的变法者,也是最大的守成者,因为重建作为一次变法的目的就是让共和国延续下去。林肯并不是美利坚第二共和的国父,而是第一共和的国子。[8]

根据上述图景,美国早期宪法史就呈现为一种"建国—重建"的两阶叙事结构。当然,从建国到重建间隔着一个长时段的宪法发展低谷期。自20世纪80年代保守派开始鼓吹作为宪法解释纲领的原旨主义以来,如何讲述美国两百年的宪法史就升格为美国当下关键的政治问题,保守派和自由派就此展开了针锋相对的叙事斗争。[9]但便如此,宪法学的争鸣各方却对早期宪法史的两阶叙事预设着基本的共识。如果我们看阿克曼的《我们人民:转型》,他的笔锋就从建国直接跳跃至重建,追踪这本志在重述美国宪法史的学术著作的索引词条就可发现,这部划时代的宪法史杰作完全没有提到最杰出的第二代政治家,比如本章的主角亨利·克莱、丹尼尔·韦伯斯特、约翰·卡尔霍恩。而小亚当斯作为第二代宪法秩序之揭幕者仅有一处亮相,这仅有的一次出场也是青

---

[8] 关于林肯作为宪法决策者及其历史背景的分析,可以参见 Daniel Farber, *Lincoln's Constitution*, University of Chicago Press, 2003。
[9] 在此问题上,保守派学者往往更为坦诚,比如罗伯特·博克就曾经写道:"历史之重写,总是一种武器,用在控制现在和未来的斗争中。"参见 Robert Bork, *Slouching towards Gomorrah: Modern Liberalism and American Decline*, Harper Perennial, 2003, p. 35。

年小亚当斯在1787年对费城制宪会议的批判,无关第二代宪法问题的宏旨。[10]

这当然不是阿克曼一个人的问题。如果以宪法文本主义的立场去观察美国早期宪法史,同样会看到,自第十二修正案在1804年通过后,宪法文本的下一次增修,就要等到1865年获批生效的第十三修正案。换言之,在文本主义者眼中,从1804年至1865年只能说是美国宪法发展的漫长停滞期,在历史记录上不过是一片空白。而若是由司法化宪法的信徒来观察这段历史时期,他所看到的同样是宪法发展达半个世纪之久的停滞:虽然联邦最高法院在1803年的马伯里案中开违宪审查之先河,但下一次宣告国会立法违宪的案件却已是让他们无比尴尬的斯考特诉桑福德案(1857)。[11]这也就意味着,从1803年至1857年,司法审查在诞生后旋即陷入了长达半个世纪的休眠期。由是观之,这些政治立场左右有别、叙事元素各有观照的宪法学流派,却在美国早期宪法史的叙事结构上存在着基本的共识,也就是由建国至重建的两阶叙事结构:建国之后,就是重建。

在此结构内,本章讨论的"第二代"就成为没有自己名字的历史段落,它起始于建国时刻终结时,而休止于重建时刻到来前。在此历史时段出现在国家舞台上的政治家们,既不是建国之父——在革命、制宪和建国三部曲谱写之时,他们尚且只是襁褓中牙牙学语的婴儿;又不是建国之子——当

---

[10] 布鲁斯·阿克曼:《我们人民:转型》,第37—38页。
[11] Dred Scott v. Sandford, 60 U.S. 383 (1857).

美利坚民族在内战中浴血重生时,他们却早已撒手人寰多年。在任何一个版本的宪法故事内,第二代都不是英雄主角,在建国的舞台上指点江山的国父是他们的父辈,而在重建的场景内保家卫国的国子又是他们的子辈。"第二代"夹在建国国父和重建国子之间,历来备受冷落,他们所占据的只是一个被称为"早期宪法史"(early national period)的段落。然而问题在于,"早期宪法史"只是为了分期而分期的结论,是一个没有自己面目的标签,如果继续用这个空洞的标签去概括这一时期的宪法历史实践,只会遮蔽这一代人真实的政治斗争和宪法作为。

问题还不止于此,我们还习惯于将这一建国后至重建前的历史阶段称为"内战前"(Antebellum)。如果说"早期宪法史"的概括只是让第二代失去自己的名字,那么"内战前"这个标签就是将第二代污名化。"内战前"是从后往前阅读历史,隐藏着一个追溯既往责任后形成的政治判断。对于第二代政治家而言,他们当然不知道其身后所发生的北方与南方之间的血腥内战,既然如此,用"内战前"对这一代人盖棺论定,也就隐含着一个基本的价值判断:第二代是美国宪法史上的悲剧一代,在代际流转的宪法事业中,他们所肩负的任务是"守护",将建国之父通过宪法所联合起来的联邦共同体"传承"下去。正因此,他们在既定宪法框架内进行了一次又一次的妥协,内战的爆发意味着他们所有的政治努力都付诸东流,在这一代政治家于1850年代初相继谢幕时,美利坚民族正在不可避免地走向一场兄弟阋墙的内战灾难——"我已经看见，一出悲剧正在上演"。[12]"内战前"这个标签，一方面隐含着第二代是悲剧、失败的一代人，另一方面也意味着维护国家统一的历史任务要等待林肯这代人来完成。如下文所述，"内战前"作为宪法史的一种分期模式，其实质是用"建国—重建"的两阶叙事吸纳了本章所提出的三代叙事，用断裂的故事置换了连续性的故事，也在此过程中遮蔽了美国宪政"超稳定性"的真正历史实践和经验。

在此背景下，本章提出第二代宪法问题这个概念，意在呼吁美国宪法研究者认真对待这一存在于建国之后和重建之前的历史阶段。这就首先要求我们就第二代观察第二代，一方面不要用拉克劳斯教授的"长建国时刻"概念去吸纳第二代的政治作为，另一方面也不要用"内战前"的标签去否认第二代的宪法努力。当然，对于本章的研究而言，"另一方面"是尤其重要的，如要为第二代宪法书写其"独立宣言"，我们可以想象自己就是一位生活在内战前的观察者，罗尔斯意义上的"无知之幕"已经降下，我们并不知道在第二代身后的美国宪法发展，包括内战和重建，"不知有汉，无论魏晋"。

2. 历史分期问题：三代的人与事

如前所述，美国早期宪法史的叙事首先呈现为"建国—重建"的两阶结构。在此框架内，"重建"，顾名思义，就是指对建国宪法秩序的再造，两次宪法时刻之间因此构成了一种转型的逻辑，而本章所要界定的第二代也就被吸纳在这一

---

[12] 例如，David Potter, *The Impending Crisis, 1848-1861*, Harper Perennial, 2011.

转型的叙事内，失去了其自身的独立面貌。正因此，我们首先要修正的是美国早期宪法史的叙事结构，由传统的两阶结构扩展至本章所展示的"三代"结构，也只有在这种三代叙事的框架内，才能独立地界定第二代的历史分期以及第二代宪法问题的理论含义。

简单地说，美国早期宪法史的三代结构立足于共同体代际传承的角度，在1776年至1865年这一区段，区分出前后相继而起的三代政治家。在进行这一基础工作之前首先要承认，代际传承在现实中必定"犬牙交错"，不可能"代代公民如同游行方阵式同生同死"。[13] 在此意义上，早期宪法史的三代结构本身就有着理论建构导向的政法拟制，而不是单纯的自然历史事实。

首先，我们可以将亲历1776年革命、1787年制宪并且在1812年战争前主宰国家政治舞台的国父称为第一代的国家构建者。在这一代"建国兄弟们"[14]中间，最年长的是德高望重的本杰明·富兰克林（1706—1790），接下来包括乔治·华盛顿（1732—1799）、约翰·亚当斯（1735—1826）、托马斯·杰斐逊（1743—1826）、詹姆斯·麦迪逊（1751—1836）、詹姆斯·门罗（1758—1831）。这五位也是美国前五任的总统，自华盛顿1789年就职到门罗1825年卸任，前后时间跨度达36年之久。在此期间，除第二任总统亚当斯来

---

[13] 这种对共同体的代际界定，来自于托马斯·杰斐逊，参见［美］托马斯·杰斐逊：《杰斐逊选集》，第478—484页。正文中的概括，可参见［美］史蒂芬·霍姆斯：《先定约束与民主的悖论》，载［美］埃尔斯特、［挪］斯莱格斯塔德：《宪政与民主：理性与社会变迁研究》，第247页。
[14] Joseph Ellis, *Founding Brothers: The Revolutionary Generation*, Vintage, 2002.

自北方马萨诸塞州以外,美国早期总统悉数来自南方弗吉尼亚州,形成了早期史上著名的"弗吉尼亚王朝"。当然,第一代政治家中还不应遗漏未成就总统功名就身先死的亚历山大·汉密尔顿(1757—1804)以及执掌联邦最高法院至1835年的约翰·马歇尔(1755—1835)。从年龄上看,富兰克林完全可以成为门罗的祖父,而谣言也一度传说华盛顿乃是汉密尔顿的生父,[15]但从宪法意义上,我们可以将他们看作同一代人,因为他们作为国父的政治身份并非基于相同的生卒年月,而是此起彼伏、同舟共济,前后绵延三十年的政治奋斗。

其次,本章所界定的"第二代"国家构建者,是指出生于18世纪70或80年代、并在19世纪10—20年代登上国家政治舞台的政治家。第二代政治家没有机会亲历革命,但美国革命却成为他们政治教化的主要经验。正因此,他们是后革命的一代人,革命对他们而言不再是亲身体验("所见"),而是口耳相传的经验("所闻")。[16]但正如历史学家乔伊斯·阿普尔比所言,"继承革命"的这代人才是第一代美国人,因为他们的父辈都生而为英国臣民,都经历过一场由效忠英王到忠诚于美国宪法的认同转变,而他们却生而为美国人,[17]是星条旗下的蛋。

---

[15] 参见 Akhil Amar, *America's Constitution: A Biography*, p.161。
[16] 关于独立战争的经验如何从"活生生的历史"转变为需要"阅读和理解"的经验,可参见[美]亚伯拉罕·林肯:《我们的政治制度永世长存》,载[美]詹姆斯·麦克弗森:《林肯传》,第112—113页。
[17] Joyce Appleby, *Inheriting the Revolution: The First Generation of Americans*, Harvard University Press, 2000. 当然,第一代国父的身份认同更为复杂,弗吉尼亚王朝谱系内的多位总统就自认为首先是弗吉尼亚人,其次才是(转下页)

第二代国家构建者的代表人物，包括约翰·昆西·亚当斯（1767—1848）、安德鲁·杰克逊（1767—1845）、亨利·克莱（1777—1852）、丹尼尔·韦伯斯特（1782—1852）、约翰·卡尔霍恩（1782—1850），也包括马丁·范布伦（1782—1862）和罗杰·塔尼（1777—1864）。仅从年龄比较，第二代中最年长的小亚当斯同第一代的门罗仅有9岁差距，门罗更应当同小亚当斯一起归入第二代，而不是同比他年长52岁的富兰克林归入第一代。但门罗再年轻，也是美国革命的亲历者，他是华盛顿将军在独立战争期间的助手，在那幅早已成为美利坚民族经典油画的《华盛顿渡河》中，门罗正是那位手持美国星条旗的英俊少年，站在昂首立于船头的华盛顿将军身后。[18] 而小亚当斯无论年龄再大，在美国革命之时还只是个孩子，跟随父亲约翰·亚当斯出使欧陆。更有意思的是，小亚当斯当然就是亚当斯二世，"小"这个前置词告诉我们，他不仅是政治代际意义上的第二代，还是一个血统至纯至正的"第二代"——不仅有一位从华盛顿手里接过政权的父亲，还有一位堪称头号国母（founding mother）的母亲，也就是阿比盖尔·亚当斯（Abigail Adams），[19] 曾有史家将亚当斯夫妇称为"第一家庭"。[20]

第三代国家构建者，就是大约出生在1790—1810年间，

（接上页）联邦共同体的公民，可参见 Andrew Burstein and Nancy Isenberg, *Madison and Jefferson*, Random, 2010.
[18] 这幅画原名为"Washington Crossing the Delaware"，现藏于纽约市大都会博物馆。
[19] 建国史学者伍迪·霍顿曾为亚当斯夫人做传，参见 Woody Holton, *Abigail Adams*, Free Press, 2009.
[20] 参见 Joseph Ellis, *First Family: Abigail and John Adams*, Knopf, 2010.

在 19 世纪 30—40 年代登上国家政治舞台的政治家。第三代政治家基本上对应着"建国—重建"两阶叙事中的"国之子"。第三代中的高寿者，如第十四修正案的起草者约翰·宾厄姆（1815—1900），甚至看到了 20 世纪的曙光。第三代是内战的总指挥和重建的总设计师。林肯（1809—1865）早在 28 岁时就曾阐释出他那一代人的政治使命，对于林肯这一辈而言，独立战争的革命经验已经由第一代的"所见"或第二代的"所闻"转变为第三代的"所传闻"："这些场景必定会在世人的记忆中消退，随着时光的流逝，变得越来越模糊暗淡"，而"我们的任务仅仅是，要将国土和政治大厦传诸千秋万代"，"这一任务如同命令一般，要求我们务必忠诚地履行，它意味着对父辈感恩，对我们自己公正，对子孙后代尽责"。[21]

划分了美国早期宪法史内的三代国家构建者后，我们就可以在时间坐标系内大致界定第二代所处的历史阶段。诚然，对历史进程进行分期必然隐藏着一种基于理论的归类，因此构成了一种对历史原本秩序的介入，它在彰显一部分人、事、物的同时，也会遮蔽另一部分人、事、物。但这原本就是我们进入宪法史领域所要付出的成本。第二代宪法的分期，就是第二代政治家主导国家政治舞台的时间，以下给出两个版本的第二代分期，一个跨越时段长一些，另一个则稍短一些。

长版本的第二代，起始于 1815 年，终结于 1857 年，共历时 42 年。在此种分期内，第二代的起点设在 1815 年，因

---

[21] 亚伯拉罕·林肯：《我们的政治制度永世长存》，载詹姆斯·麦克弗森：《林肯传》，第 100、112 页。

为这一年是1812年战争(即"第二次独立战争")结束的时间。就在此前数年内,第二代政治家中最伟大的三个人物相继在国会登场亮相:在1811年底开幕的第12届国会中,来自肯塔基州的亨利·克莱首次现身众议院,同时当选为众议院议长;而与克莱同期进入众议院的还有来自南卡罗来纳州的约翰·卡尔霍恩;丹尼尔·韦伯斯特则作为新罕布什尔州的代表在1813年进入众议院。一年多的时间内,"伟大三杰"(the Great Triumvirate)在国会舞台上聚首,由于国会在早期宪制内的中枢地位,他们可以说是第二代国家构建者中最璀璨的星辰。[22] 此版本的第二代终结于1857年,也是在这一年,联邦最高法院判决了斯考特诉桑福德案,继1803年的马伯里案后第二次宣布国会立法违宪。在此之后,奴隶制问题终成再无妥协余地的分裂议题,联邦共同体的前路唯有内战一途。

短版本的第二代,起始于1825年,终结于1852年,历时27年。在1800年总统大选中,挑战者杰斐逊击败了在职总统亚当斯,由此开启了南方弗吉尼亚人连续执政的弗吉尼亚王朝。在此背景下,小亚当斯在1825年同门罗的政权交接就有了历史分水岭的意义。首先,门罗是弗吉尼亚王朝的

---

[22]"伟大三杰"虽都未能当选美国总统,但均有在国会和政府系统内交替任职的政治经验。克莱曾担任小亚当斯政府的国务卿,韦伯斯特两度出任国务卿,反而是他所服务的两任总统现在看来已经为历史所遗忘。卡尔霍恩更是先后担任过战争部长,两届副总统,短期任职国务卿。不过,伟大三杰的卓越政治功绩都来自国会舞台。1957年,美国参议院评选历史上最伟大的五位参议员,他们占据其中的三席。关于伟大三杰的集体传记,可参见 Merrill Peterson, *The Great Triumvirate: Webster, Clay and Calhoun*, Oxford University Press, 1981; H. W. Brands, *Heirs of the Founders: Henry Clay, John Calhoun and Daniel Webster, the Second Generation of American Giants*, Doubleday, 2018。

最后一任总统，他的离去标志着纵贯第一代宪法时段的弗吉尼亚王朝的谢幕。其次，历史首先选择以老亚当斯的失败来开启弗吉尼亚王朝，又选择由亚当斯二世来终结这个绵延24年的王朝，由小亚当斯这位血统纯正的第二代来开启第二代宪法秩序，可以说是本章命题的绝妙注脚。历史偶然书写的脚本，竟同宪法发展的韵律如此合拍！最后，在小亚当斯入主白宫一年后，正逢《独立宣言》签署也即美利坚民族诞生五十周年，也就是在1826年7月4日这个举国同庆的日子里，杰斐逊和老亚当斯先后辞世。[23] 既然我们将第一代国父的谢世确定为第一代和第二代的交接时刻，那么同样道理，第二代宪法时段也终结在第二代政治家相继谢世的1852年："伟大三杰"中，卡尔霍恩在1850年3月去世，而克莱和韦伯斯特则在1852年4月和10月相继辞世。在他们去世前，克莱和韦伯斯特主导完成了1850年关于奴隶制分歧的大妥协，可以说这是他们这一代人为共和国试验所做出的最后贡献。[24]

---

[23] 杰斐逊于国庆当日凌晨在弗吉尼亚州去世，去世前最后一句话为："是不是到了7月4号？"（Is it the Fourth?）五个小时后，老亚当斯于马萨诸塞州去世，他最后一句话是："托马斯·杰斐逊仍活着。"（Thomas Jefferson still survives.）有评论者曾这样说，亚当斯的这句话"错在一时，而对在永远"，这是指，杰斐逊虽然比亚当斯更早离世，但相对于亚当斯，杰斐逊却更为美国人民所铭记。参见 Joseph Ellis, *Founding Brothers: The Revolutionary Generation*, p. 248. 小亚当斯宣布，两位建国之父在国庆日的同时辞世，标志着"神意对民族的恩赐"。参见 Daniel Walker Howe, *What Hath God Wrought: The Transformation of America, 1815-1848*, Oxford University Press, 2007, p. 243。
[24] 参见 Fergus Bordewich, *America's Great Debate: Henry Clay, Stephen A. Douglas, and the Compromise That Preserved the Union*, Simon & Schuster, 2012。

二、两个"三十年"之间的关系:第二代宪法问题的理论维度

"建国—重建"的两阶叙事主导着我们对美国早期宪法史的讲述,在此叙事结构内,从建国之父谢幕至国之子登场这一区间,美国宪法发展陷入了一段长达三十年之久的停滞期。但这种宪法史叙事却同一般意义上的美国史书写形成了鲜明的反差。丹尼尔·霍伟(Daniel Walker Howe)教授为"牛津美国史系列"写作了1815年至1848年的断代史,他就将这段历史称为《上帝带来了什么:美国的转型(1815—1848)》。放在美国历史发展的长程内看,这确实是一个发展、变革和转型的三十年,是一个"市场革命""交通革命"以及"通信革命"的年代。[25] 一方面是美国的社会经济日新月异的发展,另一方面却是宪法在传统叙事中陷入了停滞。宪法学者有义务对这种实践和表达之间的背离做出理论上的解释,要知道,托克维尔正是在1831—1832年间进行了为期九个月的美国之旅,后来在《论美国的民主》中给出了为宪法学者津津乐道的观察。所有的政治问题在美国都会转化为法律问题而得到解决,那么宪法学者在不断援引托克维尔为宪政的正名时,他们也必须为上述的反差和背离做出法理上的解释。这就要求我们首先去关注第二代宪法的历史实践,

---

[25] Daniel Walker Howe, *What Hath God Wrought: The Transformation of America, 1815-1848*; Charles Sellers, *The Market Revolution: Jacksonian America, 1815-1846*, Oxford University Press, 1992; Sean Wilentz, *The Rise of American Democracy: Jefferson to Lincoln*, W. W. Norton, 2005.

虽然国内对美国宪法的研究和译介已经蔚然成风，但法学者显然更熟悉那些据说在宪法问题上一言九鼎的"九人"。[26] 本章所关注的"伟大三杰"则稍显陌生，因此我们首先要在历史研究的意义上填补这一空白，将目光投向这实际上惊心动魄的"三十年"。

更重要的是，认真对待第二代宪法问题，将早期宪法史的两阶叙事扩展为本章所勾勒的三代叙事，并不只是插入一个名为"第二代"的新阶段而已，而是要从根本上改变美国早期宪法发展的逻辑。传统两阶叙事的逻辑关系表现为"重建"（Reconstruction）对建国宪法秩序的"再造"（reconstruction）。也就是说，"我们人民"在建国时刻过后就隐退，回到他们的私人生活，而要在内战之后才二度登场。这次登场的结果就是废除了建国者在原初宪制中所规定的奴隶制原罪（第十三修正案），再造并因此延续了联邦党人所建构的联邦共同体（第十四修正案），将获得解放的黑人纳入"我们人民"的范围（第十五修正案）。而在三代叙事的结构内，第二代就好像一个转接器那样介入建国和重建之间，不仅扩展为"第一代—第二代—第三代"的三代叙事，更将原有的转型叙事改造为新的连续性叙事。而在这种连续性叙事中，早期宪法史的主线就不再是重建对建国秩序的改造，而首先是第二代对第一代的继承，具体表现为第二代如何继承建国者所开创的原初宪法秩序，并且由此开启一场作为代

---

[26] 例如可参见任东来、陈伟、白雪峰：《美国宪政历程：影响美国的25个司法大案》，中国法制出版社，2004年；[美]杰弗里·图宾：《九人：美国最高法院风云》，何帆译，上海三联书店，2010年。

际对话的宪政实践。就此而言，第二代宪法的历史实践提出了一个根本的宪政理论问题，即宪政实践与历史叙事之间的关系问题。[27]我们由此可以看到美国宪法史讲述中的另一个悖论：一方面，我们认定美国宪法的成功关键在于其"超稳定性"；而另一方面，我们在寻求他山之石时却总是抱着一种"改革"思维，乐于讲述美国宪法的变革历程，而很少自觉地追问美国宪制中有哪些经得起时间检验的制度元素，当然更谈不上去思考如何协调稳定实践和变革叙事之间的张力。就此而言，关注第二代宪法问题，事实上就提供了一次在宪法理论上正本清源的学术机会。

而根据前文的分期，第一代政治家大致对应着1787年宪法所走过的第一个三十年，而第二代政治家则对应着同一部宪法的第二个三十年，就此而言，美国早期宪法史的核心线索就在于如何理解这前三十年和后三十年之间的关系。学者的任务不仅是要认真对待第二代宪法的历史事实，而且要思考如何在理论阐释中综合第一代和第二代的宪法发展，讲述一个以连续性为主线的建国六十年来的宪法故事。而本节的任务就是提供一个初步的阐释。

1. 第二代的宪法主旋律

在1863年的葛底斯堡演说中，林肯总统开篇即营造出了一种回到国父的叙事场景："八十七年之前，在这块大陆之

---

[27] 美国宪政的正当性建立在一种连续性的历史叙事之上，关于这一命题的初步阐释，可参见田雷：《美国宪政：先定承诺与历史叙事》，载《读书》，2014年4月。

上,我们的父辈创建了一个新国家,它孕育于自由之中,奉行人人生而平等的原则。"在国之子林肯的讲述中,美利坚民族的诞生上溯至1776年7月4日公布的《独立宣言》。也是在《独立宣言》签署即美利坚民族诞生五十周年的日子,杰斐逊和亚当斯间隔五个小时而先后辞世。这是一个有着分水岭意义的时间坐标,在走过半个世纪的风雨历程之后,国父的谢世既标志着旧时代的闭幕,也揭开了新时代的序幕。我们在这里所要提出的宪法问题是,这两个时代彼此之间构成了什么样的法律关系?

丹尼尔·韦伯斯特对此问题给出了立场鲜明的回答。1826年8月2日,马萨诸塞州人民在波士顿法纳尔会堂隆重集会,悼念一个月前逝世的亚当斯和杰斐逊。韦伯斯特时任马萨诸塞州在国会的众议员代表,应邀向集会群众发表演说。"在共和国的创立者离世之际,那些倾洒而出的泪水,那些无法带走的光荣,都证明了共和国自身将与世长存的希望。"在演讲一开始,韦伯斯特就对建国者和国家本身做出基本的区分:建国者的肉身必会衰朽,但建国者所订立的高级法规范却有可能垂范千古,他们所进行的共和宪制试验有希望永世长存。但如要这种可能或希望成为历史的必由之路,则要求联邦共同体成为跨越代际而延续的政治民族,贯通起逝去的父辈、当下的我们和未来的子孙后世。而在这种代际共同体的生成中,第二代就扮演着承前启后的关键角色,这就是韦伯斯特所认定的第二代所肩负的宪政使命:"这可爱的土地、光辉的自由、美好的制度,我们国父所留下的宝贵遗产都是我们的了;要我们去享用,要我们去守护,要我们去传承。回首过去的世代，展望未来的世代，我们有责任肩负起这神圣的信任。"[28]

建国者已逝，但共和国不朽，不朽的可能性就在于共同体要成为一个统合起过去、现在和未来的政治民族，而对第二代政治家和人民来说，这就要求他们遵守所继承的宪法秩序。做"守护"和"传承"的一代人，是第二代政治家的宪法命运。无论是韦伯斯特在此分水岭时刻的演讲，还是他一年前纪念邦克山战役五十周年的演讲，[29] 甚至包括林肯在1838年所做的《我们的政治制度永世长存》演讲，[30] 都表达了第二代宪法的时代命题。虽然韦伯斯特是在悼念国父的群众集会上发表上述演讲，但据说，他在演讲的最后还是唤起了场内听众的喝彩声：

> 若是我们珍视国父们的美德和原则，上天就会帮助我们续写人类自由和幸福的诗篇。幸运的兆头在向我们招手。伟大的先例就在我们面前。现在，我们自己的苍穹就闪耀在我们道路的上方。华盛顿就出现在明澈的夜空中。而现在，还有星辰加入到美国人的星群内；他们环绕着中央，天际闪耀出新光。[31]

---

[28] 转引自 Merrill Peterson, *The Great Triumvirate: Webster, Clay and Calhoun*, pp. 110–111。
[29] 邦克山战役发生在1775年6月，是独立战争期间第一次流血战役，而这次演讲也即本章题记所引韦伯斯特演讲，可参见 Merrill Peterson, *The Great Triumvirate: Webster, Clay and Calhoun*, pp. 108–109。
[30] 亚伯拉罕·林肯：《我们的政治制度永世长存》，载詹姆斯·麦克弗森：《林肯传》，第99—114页。
[31] Daniel Webster, Adams and Jefferson, August 2, 1826.

在韦伯斯特的叙述中，以华盛顿为核心的第一代政治家都是伟大的立法者，他们从无序中创造秩序。国父们在一场艰苦卓绝的战争中赢得了民族的独立，旋即又以"我们人民"之名，为全民族订立了不可为常规政治所改的高级法规范，由此建构起一个可运转的国家政府，也于此过程中确立了许多伟大的政治先例。而韦伯斯特口中的"我们"或"新人"，就是共和国的第二代，他们出生在新美国，成长于宪法下。对于"我们"而言，国父已经占了立法者的先贤祠，"我们"未生逢独立战争的考验，因此只能仰视国父的美德。但这并不意味着"我们"注定是无所作为的一代。恰恰相反，在代际传承的维度，"我们"要将所继承的宪法秩序传承下去，让建国者开创的宪制成为一种经得起时间检验的政治秩序。简言之，"我们"第二代不是立法或变法的一代，而是守法的一代。这里的"守法"并不是形式主义的法律适用，也不是"两个凡是"式的墨守成规，摆在第二代面前的，是一个急剧变动中的美国，一部尚未由时间赋予尊荣的宪法文本，因此其中的守法也必定有与时俱进、能动解释乃至"创造性破坏"的元素。[32] 这也正如韦伯斯特所讲到的，"传承""守护"和"改进"在实践中是相互贯通的，共同决定了第二代宪法史的主旋律。

---

[32] 宪法代际的冲突和竞争会造成所谓的"创造性破坏"，关于这个一般性命题及其在美国早期宪法史时段的适用，可以参见 Gerard Magliocca, *Andrew Jackson and the Constitution: The Rise and Fall of Generational Regimes*, University Press of Kansas, 2007, p. 3。

2. 建国者的宪法原旨

美国的建国之父首先是革命者，今天的学者经常会不自觉地忘记这一基本事实，也正因此，才需要美国史的殿堂级学者戈登·伍德去写作一本《美国革命的激进主义》，以求正本清源。[33]简单地看，华盛顿及其战友都是造反者，他们所要反叛的是当时世上最船坚炮利的大英帝国。若是以华盛顿为首的叛军在游击战中失利，他们就要被送上绞刑架，在此意义上，华盛顿之所以成为开天辟地的美国国父，而不是命丧绞刑架的叛军领袖，关键就在于他所率领的大陆军取得了一场"近乎奇迹"的独立战争胜利。[34]回到这场叛乱的起点，造反者并不缺乏通常被赋予革命者的抛头颅、洒热血的乐观主义精神——当大陆会议代表签署《独立宣言》时，弗吉尼亚的代表本杰明·哈里森对马萨诸塞的埃尔布里奇·格里讲道："格里先生，若是我们因现在的所作所为走上绞刑架，我有一大优势，从我的体重来判断，我在短短数分钟内就会断气，但你体态轻盈，在死亡前会在空中舞动几个小时。"[35]

对任何成功的革命家来说，他们都面临着一个共同的问题：我（们）死后怎么办？在联邦政府初创的1790年，约翰·亚当斯就在给本杰明·拉什的信中写道："革命的历史将会成为持续不断的谎言。"[36]如果用法言法语来表述这种

---

[33] Gordon Wood, *The Radicalism of the American Revolution*, Vintage, 1993.
[34] John Ferling, *Almost A Miracle: The American Victory in the War of Independence*, Oxford University Press, 2007.
[35] Joseph Ellis, *Founding Brothers: The Revolutionary Generation*, p. 5.
[36] 转引自 Brian Balogh, *A Government Out of Sight: The Mystery of National Authority in Nineteenth-Century America*, Cambridge University Press, 2007, p. 49。

革命者的焦虑，就是如何在革命之后建立既忠诚于革命理念，同时又经得起时间检验的政治秩序。在此问题上，美国革命者走出了一条独特的道路，他们生活在法国大革命前的政治世界，他们选择的不是继续革命或不断革命，而是革命领袖以"我们人民"之名，制定出一部作为民族根本法的宪法，将革命政治的原则和理念写在成文法典内，以此防止后世子孙背弃革命的原意。美国革命的这代人，首先以独立战争的鲜血塑造一个民族，在革命成功之后告别了继续革命的道路，用宪法为这个共同体建构了可统治的政府形式。他们区别于后世革命家之处就在于以"革命的宪法化"[37]完成了向制宪者的华丽转身，就此而言，第一代政治家在美国可以说是革命者、制宪者和建国者三位一体。

建国之父用成文宪法来告别不断的革命，这就意味着人民在可统治的政府系统内并非随时在场。根据宪法之父麦迪逊的观点，人民的每一次出场都标志着现存宪制存在着缺陷，因此人民出场的宪法政治应当保留给"重大且非常规的场合"，这也就是阿克曼所说的二元民主中的"宪法时刻"；而在常规政治的时间内，美国宪制"完全排除作为集体身份存在的人民"。[38]既然人民仅现身于"重大且非常规"的宪法时刻，那么从规范性的宪法理论出发，这就意味着生活在常规政治时段的每一代人都要遵守他们所继承的既定宪法。换

---

[37] 关于革命的宪法化，可参见[美]布鲁斯·阿克曼：《自由革命的未来》，黄陀译，中国政法大学出版社，2013年，第47—67页。
[38] 参见麦迪逊所执笔的《联邦党人文集》第49篇和第63篇，Alexander Hamilton, James Madison, & John Jay, *The Federalist*, pp. 332, 417。

言之，1787年的制宪者不仅是为此时此刻的这代人立法，更重要的是为共同体内的后来者进行跨越代际的立法，这一点非常明确地体现在宪法序言内："我们合众国人民，为……保障我们自己以及子孙后代得享自由之恩赐，特为美利坚合众国制定本宪法。"

美国的建国之父首先是革命者，因此他们同任何革命者一样，在设计政治制度时都要考虑身后的接班人能否是革命的后来人，因此他们选择制定一部无法轻易修改的成文宪法，以此防止后来者走上改旗易帜的邪路。而在宪法理论上，这就意味着包括第二代在内的子孙后代首先必须遵守既定宪法，若他们不愿意遵守所继承的祖宗成法，那也无法如第一代那样从头再来，而只能选择通过既定宪法内置的修宪程序来变法。以上可以说是原旨主义宪法学说有关宪法实践的正当性理论：在既定宪法框架下，要么按照制宪者原意进行忠诚的宪法解释，要么就启动由原初宪法所内设的修法途径。但若是我们认真考察美国早期宪法史，就可以发现原旨主义学说所预设的"不修法就守法"的二元论，从一开始就是政治修辞和理论推演的陷阱。

这就提出了一个非常复杂的问题，本章在此只做简单的讨论：宪法如要"管长远"，跨越代际而发生效力，这势必要求制宪者在起草宪法时尽量选用一般性的立法语言。这也就意味着，首要的二元选择不在于第二代到底是变法还是守法，而是制宪者期待后来者如何去解释这部治国理政的根本大法。也就是说，制宪者可以如原旨主义者所阐释的那样，希望子孙后代在解释宪法时首先、主要甚至完全以他们的原意为指南。但制宪者也完全可能认为，为了让他们的宪法可以经久不衰，子孙后代反而应当对其进行与时俱进的解释。如果回归宪法解释的论域，早在20世纪80年代，当美国保守派开始自觉提出作为宪法解释纲领的原旨主义时，[39]就有论者提出这个以彼之矛攻彼之盾的问题：制宪者是不是原旨主义者？[40]从这一逻辑出发而对原旨主义进行的讨论，实在是抓住了原旨主义作为一种宪法解释方法的要害。原旨主义主张，宪法解释应以制宪者原意或原初意图为指南，其整套学说的出发点都可以追根溯源至制宪者的原意，但若制宪者自身不是原旨主义者，而认为只要时移世易，则后来者完全可以对文本进行与时俱进的创新解释，那么整个原旨解释的学说体系就无法自圆其说，势必如同多米诺骨牌般全线崩溃。

只要我们提出这一问题，问题本身便不难回答：美国制宪者并不是原旨主义者，至少不是现代保守派所鼓吹的那种原旨主义，因为美国的建国之父并未意图用自己的意志来控制子孙后世对宪法文本的理解。1830年，晚年麦迪逊在写给时任国务卿马丁·范布伦的信中，就曾这样告诉这位来信寻求宪法之父原旨的第二代政治家："我意识到宪法文件必须自己能说话，而意图不可能取代已确立的解释规则。"[41]由此可见，这时的麦迪逊是一位文本主义者，而不是原旨主义

---

[39] 关于保守派启动原旨主义论战及其经典文献，可参见 Steven Calabresi, *Originalism: A Quarter-Century of Debate*, Regnery Publishing, 2007。
[40] 可参见 H. Jefferson Powell, "The Original Understanding of Original Intent", 98 *Harvard Law Review*, pp. 885-948 (1985); Jack Rakove, *Original Meaning: Politics and Ideas in the Making of the Constitution*。
[41] 转引自 Alison LaCroix, "The Constitution of the Second Generation", 2013 *University of Illinois Law Review*, p. 1785 (2013)。

者，至少他并不认为宪法起草者在1787年的意图可以凌驾于宪法文本的常规含义。这也可以解释为什么麦迪逊在其生前始终不愿出版他的费城会议笔记，原因很简单，在麦迪逊心底深处，这份笔记及其所记录的宪法起草者的意图并不重要，在1787年宪法没有经过时间历练而形成约定俗成之惯例适用之前，过早出版会议笔记只会成为党争的工具，干扰宪法权威的生成。在1824年的一封信中，卸任总统已有八年之久的麦迪逊批评了不加反思地援引《联邦党人文集》的做法，之所以解释宪法时不能尽信《联邦党人文集》，是因为"务必记在心间，它的作者们有时候可能受制于辩护的热情"。不仅如此，他在信中还解释了为什么他决定在死后才公开出版他的费城笔记：

> 至少……到那时候，联邦宪法的文本含义应已在实践中得到确立，而有关宪法起草过程中有争议的那些部分，也不会受到不当的叙述……如若作为解释和适用宪法条款的指引，宪法会议上的辩论以及附随的决定并无任何权威。[42]

在麦迪逊看来，宪法文本的含义应当是在适用过程中形成的，之所以推迟出版他的费城笔记，就是要给这部宪法更多的适用时间，在适用过程中形成更多的先例和惯

---

[42] 麦迪逊晚年的态度，转引自 H. Jefferson Powell, "The Original Understanding of Original Intent", 98 *Harvard Law Review*, pp. 936–941 (1985)。

例。[43] 事实上，早在1787年宪法运转之初，当国会就宪法赋予总统的免职权进行立法规制时，麦迪逊就在1789年6月的国会辩论中指出："本次所做出的决策，将会变成关于本宪法的永恒阐释……"[44]

综合费城宪法之父为后来人所提供的解释指南，可以认定，原旨主义作为一种宪法解释的纲领，在逻辑上是无法自圆其说的。以麦迪逊为代表的制宪者并不是正统的原旨主义者，在他们看来，无论是制宪者在私人信件或公众场合所表达的意图，还是《联邦党人文集》所提供的系统解释，甚至是宪法之父在制宪现场所留下的亲笔笔录，都不能控制后来人对宪法文本的理解。作为成功的革命者和国家构建者，制宪者从一开始就是向前看的，他们更强调实践对宪法文本的塑造作用，因此是解释方法上的多元主义者和政治决策意义上的实用主义者。这也就意味着，美国的原初宪法秩序允许"活宪法"文化的生存空间，后来者继承建国者所订立的宪法，并不需要用制宪者的原意去限定他们对文本的解读，从解释学上讲，文本、结构、实践、后果都是解释宪法时应当考虑在内的因素。[45] 而在传承的意义上，这就意味着第一代

---

[43] 由是观之，中国宪法学者为《联邦党人文集》以及麦迪逊费城会议笔记赋予了麦迪逊本人都不愿意承认的意义，参见近期再版的［美］詹姆斯·麦迪逊：《辩论：美国制宪会议记录》，尹宣译。这么说并不是否认这两种文献的权威性或重要性，如同费城宪法本身一样，它们的意义也是在美国政治发展的两百年历程中被赋予的。我要说的毋宁是，这些文献不过是美国漫长建国时刻的诸多经典文献中的一种或几种而已，并非全部意义所在。
[44] 转引自 H. Jefferson Powell, "The Original Understanding of Original Intent", 98 *Harvard Law Review*, p. 914 (1985)。
[45] 关于宪法解释诸形态的经典讨论，可参见 Philip Bobbitt, *Constitutional Fate: Theory of the Constitution*, Oxford University Press, 1984。

的立法者对后来的守法者托付了基本的信任：你们办事，我们放心。

3. 原旨论的原初实践：第二代的宪法贡献

制宪者在原初宪法秩序内预设了活宪法的种子，允许甚至期待后来者一手继承既定宪法，另一手又可以对其进行与时俱进的能动解释，在此背景下，我们就更能发现第二代政治家选择以国父原旨去解释国父之法所具有的宪政意义。如果宪政首先意味着遵守作为先定承诺而写入宪法文本的政治规范，那么第二代政治家的守法行为可谓迈出了美国宪政实践的第一步，他们是以立法者的姿态选择了守法。或者说，第二代政治家用国父原旨为宪法文本加冕，形成的是原旨论的原初实践。这样看来，原旨主义的正当性基础不在于形式主义的逻辑，也并非根源自原旨本身，它只能追根溯源至由第二代政治家所开创的守法实践。更准确地说，正是在这种由第二代开创的遵守宪法的历史实践中，美国人才形成了面对既定宪法而守法的文化心理结构，原旨主义才成为一种"主义"。

更具体地说，在宪政作为一种代际对话的历史实践进程中，真正构成美国宪法超稳定性之基石的，并不是我们津津乐道的联邦最高法院的司法审查制度，也不是我们翘首以待的标志着人民登场变革宪法的"宪法时刻"，反而是第二代政治家和民众开创的这种守法文化。而回到第二代的历史语境去解读他们的政治选择，我们更能发现这种政治实践的难能可贵之处，远非今日那些企图以变法来求宪政的理论派所能及。

第三章 第二代宪法问题

首先，当建国者逝去之时，第二代所面临的是一个内含原初设计之缺陷的宪法。想当初，费城制宪者为了用宪法团结起相互冲突的各派政治力量，在宪法文本内做出了种种道德妥协和让步，其中最为困扰第二代政治过程的无疑就是可以称之为"宪法邪恶"的奴隶制。[46]一方面，第二代面对着一部充斥道德原罪的宪法文本；另一方面，第二代也面临着一个急剧变化的美国社会。如前所述，这是一个"市场革命""交通革命""通信革命"以及"民主兴起"的"转型"时代。[47]安德鲁·杰克逊可以说是第二代政治家的核心人物，他在1829年至1837年担任美国第七任总统。1829年，杰克逊赶赴华盛顿上任时，乘坐的还是四轮马车；而八年之后离开首都时，他却已搭乘火车。因此，第二代美国人在剧变时代去适用存在各种瑕疵、缺陷乃至罪恶的宪法时，从一般法理上推断，他们也许更应当去选择变法，而不是守法。由是观之，第二代政治家实践原旨论的守法主义，这本身就是处于历史当口一种自觉的政治选择。

其次，如果我们可以生活在罗尔斯所规定的"无知之幕"之下，屏蔽第二代身后的美国宪法发展，而具体到美国宪法史的叙事中，这就要求我们不是把早期宪法史吸纳进美国宪法发展的两百年进程，而是以第二代政治家的视域回首共和

---

[46] 格莱布教授将奴隶制称为宪法邪恶（constitutional evil），是为了法的安定性而牺牲道德性的典型，可参见 Mark Graber, *Dred Scott and the Problem of Constitutional Evil*, Cambridge University Press, 2008。
[47] Daniel Walker Howe, *What Hath God Wrought: The Transformation of America, 1815-1848*; Charles Sellers, *The Market Revolution: Jacksonian America, 1815-1846*; Sean Wilentz, *The Rise of American Democracy: Jefferson to Lincoln*.

国最初三十年的实践，于是可以说，我们当下看起来坚固的东西在第二代的视野内都烟消云散了。回首往事，第二代政治家所能看到的不外乎充满革命性断裂的三十年。1776年，他们的父辈脱离英帝国，华盛顿作为叛军首领在北美十三邦内进行着艰苦的游击战；1781年，十三个邦国制定《邦联条例》，但这部"宪法"先天不足，如同一纸空文，对各个邦国全无约束力；1787年，费城会议代表完全抛开本邦授权以及《邦联条例》的"修宪"程序，另起炉灶，起草了一部严格来说违法的新宪法；1789年，新联邦政府组建，但随之而来的却是使建国之父忧心忡忡的派系党争；1798年，亚当斯政府通过了钳制言论的《外侨与惩治煽动叛乱法》，第一代政治家陷入决裂，麦迪逊和杰斐逊以南方各州议会为基地公然对抗中央；1800年，亚当斯与杰斐逊的选战制造了一场令美国濒临崩溃的宪法危机，此后联邦党人时代终结，弗吉尼亚王朝开启……由此可见，在第二代政治家看来，共和国的历史就是充满断裂、转折、从头再来的三十年，没有任何秩序可以长存。作为后革命的一代人，第二代难道不可以效法建国者的先例？1787年宪法截至1825年已有近四十年的寿命，它太过老旧了，跟不上时代的步伐，现在是时候推倒重来了！

再次，同前一点也相关的是，第二代政治家选择了守法，可谓是"听其言"。但从逻辑上讲，忠诚于国父不仅可以听其言，同样可以"观其行"。为什么不从实际行动上去重走建国者走过的道路呢？若真要观其行，建国者的后继者就并非通过守法来维护联邦共同体的第二代政治家，反而应是在

1860年单方面脱离联邦而独立建国的南方叛乱分子。让问题更加复杂的是，杰斐逊不是曾说过，每经过19年，当一代新人换旧人之时，共同体就要重新制定一部宪法吗？就此而言，第二代政治家完全可以借助杰斐逊的不断革命学说，"正当地"瓦解原初的宪法秩序。回到历史现场，第二代政治家内部在此问题上也存在着理念分歧。小亚当斯在1833年就曾讲道："民主既不承认祖先，也看不到后人，它完全被吞并在当下这一刻，所思考的也只有当下这一刻。"〔48〕由此可见，小亚当斯所谓的民主，就是由一个又一个当下的时刻所组成的，既没有过去，也没有未来。也许这正是美国宪法发展的吊诡之处，小亚当斯成为了杰斐逊学说在第二代中的代言人，血统最纯正的第二代却是不断革命的理论新旗手。虽然美国宪法发展的历史并没有走向杰斐逊所鼓动的每19年制定一部新宪法的轨道，但回到19世纪初年，杰斐逊主义也并非完全没有成功的可能。而若其真的成为美国宪法发展的指导思想，那么美国宪政就会步入法国宪法史的轨道——一次又一次地推倒重来，在这种反事实的历史场景中，费城会议就不再是什么"奇迹"，只不过是一次"失败的遗产"罢了。这样提出问题，正是为了说明一个以革命立国的共同体在建政后要生成宪政的难题所在。也是在此意义上，第二代政治家的守法主义反而成为美国宪政发展的关键环节，他们也是美国宪法史最不可遗忘的书写者。

---

〔48〕 转引自 Jack Rakove, *Original Meaning: Politics and Ideas in the Making of the Constitution*, p. 366。

最后，如前所述，原旨主义之所以在当今美国成为正统的宪法解释理论，既不内嵌在一整套逻辑自洽的学术推演内，也无法追溯至建国者的原旨和原初理解，归根到底是在于由美国宪法两百年的实践所生成的守法心理结构。也就是说，两百多年的实践使美国宪法获得了麦迪逊在制宪初所期盼的由时间所带来的"尊荣"。活在今天的美国人，在面对这部早已化身为民族文化图腾的宪法时，当然不会质疑为什么要服从一部由"死去的白人男性有产者"制定的宪法。在这种原旨主义的法律文化内，为什么要守法的问题只不过是以法律为业的专家学者在书斋内推演的学问，而从来不会构成普通民众在日常生活中要上下求索的疑问。但对于第二代政治家以及美国人而言，1787年宪法只是一部仅有短短三十年历史的法律，尚且谈不上时间赋予的"尊荣"，也正因如此，生活在19世纪上半叶的美国人民尚且没有形成守法的文化心理结构。为什么安德鲁·杰克逊要去服从詹姆斯·麦迪逊的法律，而无法对前一代的制宪者声称"彼可取而代之"？林肯在1838年初的一篇演讲中就曾讲道："卓越的天才从来不屑于走一条别人走过的道路。他总是在寻找迄今尚未被探索的地域。在他看来，在为纪念他人而树立的功德碑之上续写故事，这里面可看不到任何卓越之处。"[49]回到第二代的宪法命题，这就体现为第二代政治家面对着一个基本的道路选择，是用他们的个人政治威望将新生宪法取而代之，还是要用他们的权威来加持已逝制宪者所订立的既定宪法，实现

---

[49] 亚伯拉罕·林肯：《我们的政治制度永世长存》，《林肯传》，第110页。

"克里斯玛的宪法化"（constitutionalization of charisma）[50]的代际叠加，真正开启美国这个奠基于宪法之上的共同体长治久安的道路。

而在第二代宪法叙事的格局内，正如下文所述，第二代政治家所有的政治努力都在于在既定宪法框架内解决问题。从纯粹结果主义的标尺上度量，他们是失败的一代人，因为他们受限于建国者保护奴隶制的先定承诺，一次次的妥协都未能避免在他们谢幕之后共和国陷入一场内战。但从宪政意义上讲，第二代政治家非但不是可有可无的一代，反而是美国宪政道路上至为关键的一代人。若将宪政界定为宪法规范的代际传承，美国建国之父就是开天辟地的立法者，第二代政治家则是迈出历史性第一步的守法者。综上所述，写入奴隶制原罪的宪法文本，美国社会经济的转型，宪法并未形成时间赋予的权威，革命之后的激进心态，共和国公民的求变心理，所有这些似乎都可以推动第二代政治家抛开建国的原初宪法，以推倒重来的姿态解决他们所面对的政治问题。但他们并没有组建美利坚第二共和，而是选择遵守既定的建国宪法，成为内在于美国原初宪法秩序的建设者，并且始终以原旨解释的方法对待这部宪法文本。谨始以正开端，美国宪法的稳定性和连续性皆诞生于此。

---

[50] 这个概念最初由阿克曼在讨论比较宪法的语境内提出，可参见 Bruce Ackerman, "The Rise of World Constitutionalism", 83 *Virginia Law Review*, p. 783 (1997)。

三、共同体的宪法分析[51]

在第二代政治家生活于其间的政治舞台上,他们面对着许多需要通过援引宪法规范而加以解决的政治问题。联邦政府根据宪法是否有权设立国家银行,就是纵贯第一代和第二代的宪法问题——1790年,汉密尔顿作为联邦政府首任财政部长提议建立国家银行,遭到国务卿杰斐逊和众议员麦迪逊基于宪法立场的反对,而华盛顿总统听取正反双方意见后,在1791年初签署了国会的银行法案。第一国家银行由此设立,为期20年,至1811年期满终结。1812年战争过后,也即本章界定的长版本的第二代之起点,时任总统麦迪逊在1816年签署了第二银行法案。在第二银行运转期间,联邦最高法院审理了麦卡洛克诉马里兰州案,约翰·马歇尔首席大法官发表了堪称其执掌美国司法三十多年期间最伟大的宪法判词,宣布联邦政府根据宪法有权设立国家银行。当然马歇尔的解释并没有让银行合宪性的问题定分止争,杰克逊总统

---

[51] 宪法取其原意,就是指共同体得以构建并且延续的根本法。宪法理论的规范性,归根到底就在于它要回答一个无法回避的问题:我们是如此不同,如何生活在一起。但现代宪法理论对这个问题的研讨是极不均衡的。无论是国家释宪机关所建构的宪法学说,还是学者个人的学术研究,现代宪法将绝大部分关注投放在"我们是如此不同"这个前提下,从言论和信仰自由、纵向和横向的分权到少数群体的宪法保护,这些热门的宪法议题都是在保护"差异"或"与众不同"的权利。相比之下,"如何在一起"就是一个被人遗忘的研究领域,例如,我们对国旗国歌、君主制、历史叙事、宪法序言的研究相对而言都是非常欠缺的。但宪法学者往往无法自觉意识到,在宪法理论的体系内,"我们如此不同"和"如何在一起"存在着难以消弭的紧张,因此也必须得到均衡的讨论。在此意义上,现代宪法学更应认真对待在其理论体系内已经被肢解的共同体问题,因为宪政的要义就在于如何建设一个经得起时间检验的政治共同体,而并不是如何规范政府权力以保护个人权利的问题,后者属于常规政治所肩负的任务。

在其任内对第二国家银行发起了最后的攻击，1836年，第二国家银行寿终正寝。

美国银行的问题只是第二代宪法问题的案例之一，在被标签化为"内战前"的19世纪上半叶，美国政治家所面对的所有重要政治问题最终都要归结为宪法之争。宪法第十四修正案的起草者约翰·宾厄姆就曾经这样回忆他的年轻时代："在那些日子，近乎所有事务都会化约为宪法问题。"[52] 诚哉斯言，不仅是联邦政府是否有权设立国家银行，还包含联邦政府是否可以承担起跨越州境或一州境内的基础设施建设；究竟是否有权开征保护性关税，或是关税仅以岁入所需为限；国会立法合宪与否，最终的判断权是在联邦最高法院，还是作为联邦共同体组成单位的各州？本章作为第二代宪法问题的论纲，无法详述这一时期重大宪法争议问题的始末，在此只选择深描第二代宪法的中枢问题，即美国国父们通过1787年宪法创造了何种性质的共同体。更具体地说，美国的制宪建国究竟是超越邦联宪制的脱胎换骨，建成了一个主权统一不可分割的国家；还是在既定邦联格局内的合法改革，在整个内战前时代仍维持着主权在州的宪制格局？之所以说这个问题是中枢性的，就在于它在内战前始终牵一发而动全身，此期间所有重要的宪法分歧都能追溯至这一源头问题。换言之，怎么回答这个本源性的中枢问题，就在相当程度上决定了以上概要列举的枝干问题的答案。

---

[52] 转引自 Alison LaCroix, "The Constitution of the Second Generation", 2013 *Illinois Law Review*, p. 1779 (2013)。

还要补充一点，在今天美国法学院的宪法学说体系内，上述宪法问题大都被安排到不同的学说板块内，这就事实上撕裂了第二代政治家在历史的现场理解这些问题时所具有的整全意识。而第二代宪法这个概念的提出，有助于建构理解此时期宪法问题的整全视角。简而言之，问题虽然万千重，但宪法之道却一以贯之，就是要在所继承的宪制框架内，以已逝国父体现于宪法文本内的原意来解决当下面临的政治问题。当然，从纯粹结果来看，建国宪法对这一代人而言更像是一场正在上演的悲剧，因为原初宪法创设了何种性质的共同体，在整个内战前都是悬而未决的，真正让这个问题得以盖棺论定、自此再无政治讨论之必要的，是内战后的宪法第十四修正案。也就是说，正是重建解决了建国的遗留问题。

1. 共同体为何？

建国的性质为何？原初宪法所创设的是何种政治共同体？因其在内战前始终悬而未决，便构成了第二代政治家终生求索的问题。本章题记所引韦伯斯特与陌生人的一番对话，出自美国作家贝内特发表于1937年的短篇小说《魔鬼与丹尼尔·韦伯斯特》，其中的"陌生人"是一位来自未来的"魔鬼"。所引对话出现在小说结尾处，在此之前，韦伯斯特有过一连串的发问，但得到的都是令他失望的答案：他虽有远大抱负，但终究未能当上总统，只能看着平庸之辈入主白宫；他的儿子都将在战争中丧生，无人继承他的功名乃至血脉；这位天才演说家甚至因演讲而最终在大本营新英格兰地区落得众叛亲离。但韦伯斯特却不为这些个人的得失荣辱所动，在最后一问中,他向鬼神问起了苍生大业:我为之奋斗终生的"联邦共同体"将会走向何方,是会陷入分裂,还是会继续将"我们"统一在一起?也正是从这位穿越人士的回答中,韦伯斯特得到了他终生求索的答案:在他死后,"胜利终将到来"。而这胜利也就是在事后确认了韦伯斯特在1830年国会辩论中对建国宪制的国家主义解释:"现在、未来,以至永远,自由与共同体同为一体,不可分割!"[53]虚拟的对话场景更清楚地折射出韦伯斯特这代人肩负的宪法使命,足以令闻者动容。

但第二代宪法的复杂性却在于,韦伯斯特取得的只是事后的胜利,他的胜利并不意味着对手的失败,更不意味着反方从一开始就是错误的。宪法的每一次发展都展开在一种开放性的政治空间中,起始于开放,终结于决断。对于历史现场的第二代政治家来说,建国者通过宪法所建立的"the Union"到底是何种性质的共同体,始终是一个开放性的问题。虽然韦伯斯特和卡尔霍恩对此各执一词,但我们并不能因为韦伯斯特的胜利就反推出卡尔霍恩的失败,更不能判定卡氏的错误。也就是说,分歧的种子从一开始就埋藏在建国宪法内部。关于这个问题,麦迪逊在《联邦党人文集》第39篇中有一个经典回答:"所提议的这部宪法,严格来说,既不是一部国家宪法,也不是一部联邦宪法,而是两者的组合。"[54]考虑到《联邦党人文集》的语境,麦迪逊给出的是一个两头

---

[53] 原文为:"Liberty and Union, now and for ever, one and inseparable!" 1830年1月,韦伯斯特与来自南卡罗来纳州的参议员罗伯特·海因,就国会可否开征保护性关税的问题进行了长达九日的国会辩论,而其中韦伯斯特的"二复海因"被称为"国会史上最雄辩的演说",此句正为该演说的结语。
[54] Alexander Hamilton, James Madison, & John Jay, *The Federalist*, p. 252.

否定的巧妙回答，若转换为肯定表述，即建国者的宪法内既有一部分国家性的元素，也有一部分联邦性的元素，在共同体的构成方式上原本就是一种"混合政体"。

这种"混合政体"就意味着联邦党人建国的不彻底性。第二代政治家围绕着联邦共同体的法律属性问题产生的所有分歧，都可以追溯至原初制宪时所遗留的妥协、模糊和不彻底。由此看来，美国建国并非发生在某个一蹴而就的时刻，而是展开于拉克劳斯所言的"长建国时刻"，当然在拉克劳斯的理论体系内，"第二代宪法"的概念内在于更为广泛的"长建国时刻"，换言之，第二代宪法只有回到这个长建国时刻才具有其宪法史的意义。[55]而本章却从立法者和守法者的基本分野出发，意图塑造第二代作为守法者在早期宪法史中所具有的独立意义。就此而言，在进入下面的具体论述前，有必要做简要的整体交代。

首先，宪法是共同体得以构建并延续的根本法，第二代在此意义上所要交锋的是本源的宪法问题。其次，第二代政治家如何进行事关当下的政治辩论，要回溯至他们关于建国的历史叙事。再次，此时距离建国时刻尚不久远，有些建国之父仍活在第二代宪法的时段，就此而言，制宪者的原意并不是一种简单的政治修辞，而是有着规定性的内容。最后，向心派和离心派的政治斗争贯穿着这三十年的宪法史，而这种中枢性的身份区分又同美国内战前的南北问题交织在一

---

[55] 参见 Alison LaCroix, "The Interbellum Constitution: Federalism in the Long Founding Moment", 67 *Stanford Law Review*, p. 397 (2015)。

起，由此构成了这段时期惊心动魄的宪法史。但无论是向心派还是离心派，包括两个派别内最极端的政治力量，他们的各执一词也都内在于建国宪法秩序的框架，都是在进行宪法解释或者"宪法建构"。[56]换言之，相对于让他们统一起来，将他们安放在同一个"说服平台"上的建国宪法而言，他们的政治纷争都存在于表层，他们中间无人否认这种在既定宪法框架内维持共同体统一的宪法道路，分歧基本在于如何能够更好地维系这种统一。正是因此，本章将卡尔霍恩也列入第二代国家构建者，认为以他为代表的"合约论"者也是长建国时刻内的积极政治力量，同时在定性上将他们区别于1860年林肯当选总统后踢开宪法搞分裂的杰斐逊·戴维斯。[57]我们不否认，后世的分裂分子会将卡尔霍恩尊奉为他们的理论之父，而且从一种简单的二维谱系的尺度界定，卡尔霍恩确实也更接近于后来的分裂主义者，但第二代政治家中的离心派却始终没有迈出跨越雷池的一步，正是这种政治审慎和节制构成了一种奠基于保守主义的美国宪政实践。

2. 离心派的合约论

在早期宪法史内，联邦政府是有权征收以保护国内制造业为目的的保护性关税，还是其宪法征税权仅限于维持政府运作的岁入性关税？这是一个争议激烈的宪法问题。1828年，

---

[56] 关于宪法建构的概念，参见 Keith Whittington, *Constitutional Construction: Divided Government and Constitutional Meaning*, Harvard University Press, 1999。
[57] 卡尔霍恩有一个政治立场的转向，其早年是一位民族主义者，支持强有力的中央政府和保护性关税，在1830年前后才转向州权主义立场。

联邦政府在小亚当斯执政期间通过了民族主义导向的关税法案，杰克逊总统在上台后也没有改弦更张，继续在1832年通过了新的保护性关税法案。南卡罗来纳州在1832年末举行人民集会，宣告联邦政府无权征收保护性关税，决议本州负有宪法义务去对抗违宪立法在本州辖区的执行，并为此不惜动用地方民兵来暴力抗法。对此，1833年2月，杰克逊政府在同一天通过两部法案，做出了"一手硬、一手软"的回应：硬的一手是《强制执行法案》，该法授权总统在必要时可调遣联邦军队，进入地方强制执法，这是对南卡罗来纳州当局离心派的当头棒喝；软的一手是《妥协关税法案》，这是向南卡罗来纳州抛出隐含着和解姿态的橄榄枝。随后，南卡罗来纳州在3月重新举行人民集会，撤销了1832年的废止议案。这场历时数月的宪法危机得以化解。

南卡罗来纳州在废止危机中的立场及其决议，代表着内战前时期一种整全的宪法观，也就是本章所说的"离心派的合约论"。这种州权主义的宪法观可以上溯至宪法批准过程中的反联邦党人，联邦政府第一个十年内的麦迪逊和杰斐逊（特别是在1798年前后，他们针对亚当斯政府《外侨与惩治煽动叛乱法》所进行的抗争），向下甚至可以包括1814年前后活跃在新英格兰地区的哈特福特会议，可谓联邦党最后的"余孽"。这场发生于杰克逊执政期内的废止危机，只不过最为旗帜鲜明地亮出了这种宪法观。

合约论是一种整全的宪法观，追根究底，合约论认为，联邦共同体是，且只是各州之间的"合约"（compact）。费城制宪并不是"旧邦新造"，在联邦宪法批准生效后，正如第十修正案所示"宪法未授予合众国、也未禁止各州行使的权力，由各州各自保留，或由人民保留"，各州仍保留着原初的主权，而联邦政府的权力来自、也仅来自各州的授权。在合约论的宪法世界，虽然1787年宪法的正当性来自于"我们人民"的同意，但"我们人民"在这部宪法框架内却是一个复数的存在。无论是宪法正文第七条所规定的宪法批准程序（九个邦的批准即可使宪法生效），还是第五条的修改程序（修宪提案应得到四分之三多数州的批准），宪法变革所要求的意思表示都是以邦/州为单位组织起来的。这也就意味着，建国宪制内并不存在整体、均质和无差别的"我们人民"，而只有复数的、以各州为组织形态的"我们各州人民"或者说"我们人民在各州"。而由此所构成的联邦共同体就更像是一个"州际组织"，南卡罗来纳州的激进分子在废止危机的关键时刻就主张："诚然，我们是一个联合起来的民族——但是我们这个大家庭，只是为了外部目的才联合在一起的。"[58]

在建国宪法得到合约论的定性之后，一个紧接着要提出的关键问题就是谁才是这部宪法的权威解释者。在废止危机最激烈的关头，南卡罗来纳州的废止论者就主张各州而非联邦才是宪法的权威解释者。在阐释他们的立场时，州权主义者最常援用的就是宪法合约和合同契约之间的类比：私人合同的当事人最清楚知道合同文本的意图，因此是合同的权威解释者，以此类推，各邦/州是宪法这部合约的缔约方，联

---

[58] 参见 Keith Whittington, *Constitutional Construction: Divided Government and Constitutional Meaning*, p. 78。

邦宪法的权威原意，并不是费城会议代表个人或集体的意志，而是参与缔结宪法的各邦/州的意志，因此各州才是宪法的权威解释者，州对联邦宪法的解释凌驾于联邦自身的解释。而在州权主义的脉络中，废止说至少可上溯至麦迪逊和杰斐逊史称"1798年学说"的"干预说"（interposition）。根据麦迪逊在1798年所起草的《弗吉尼亚决议》：

> 合众国的宪法，形成于各自具有主权地位的各邦分别做出的批准……因此，各邦/州，作为宪法契约的当事方，具有它们的主权地位。这就必定意味着，没有任何审判庭可以凌驾于各邦/州的权威之上。而作为最后的救济，要由它们决定自己所订立的契约是否遭到违反，也因此，作为契约的当事方，各邦/州必须自己做出决定，作为最后的救济，违约问题的严重程度是否要求它们的干预。

在内战前的州权主义脉络内，从麦迪逊的"干预"到卡尔霍恩的"废止"，在程度上可以说只有一步之遥，两者都是宪法合约论的必然推论。当然，麦迪逊在1798年的论述显然更为节制，在宪法之父看来，一方面，各州面对着联邦的违宪立法，均有"义务"进行干预，至少是软性的抵抗；但另一方面，干预只能是麦迪逊所说的"最后的救济"（in the last resort），而且要求除非联邦立法的"违约"特别严重，否则不足以证成各州的干预。[59]相比之下，卡尔霍恩的废止论要更激进，而他对麦迪逊的超越还有另外一个关键之处。我们可以看到，在1832年到1833年的废止危机中，主权州的意思表示机构并不是麦迪逊在1798年所借助的建制内的议会，而是外在于常规宪制的人民集会（conventions），这是对费城先贤的自觉模仿。[60]

最后应当指出，州权主义者虽然高举废止论的旗帜，但他们仍谋求在既定宪法框架内解决政治分歧。在废止危机之初，卡尔霍恩甚至还是杰克逊总统的副职——联邦政府的副总统！[61]虽然卡尔霍恩在死后成为南方分裂主义者的理论教父，但他本人却从未逾矩。在他看来，废止只是宪法斗争的手段，一旦宪法问题得到解决，那么任何更进一步的对抗就会转变为"叛乱"。[62]无论"干预"还是"废止"，都是在既定宪法框架内的抗争，接近于我们所讲的公民不服从。而再越雷池一步，1860年的南方脱离派就是踢开宪法闹独立，就是赤裸裸的违宪造反。林肯在第一次就职演说中讲："我们现在可以说，脱离的核心思想本质上就是无政府。"因为不承认大多数人的政治选择就去搞脱离,这就是无政府主义。[63]

---

[59] 关于麦迪逊所起草的《弗吉尼亚决议》和《报告》，参见 Paul Brest, et al., *Processes of Constitutional Decision-Making: Cases and Materials*, Aspen, 2006, pp. 89–93。
[60] Keith Whittington, *Constitutional Construction: Divided Government and Constitutional Meaning*, p. 80.
[61] 当然，卡尔霍恩在1828年末写作《阐释抗议书》时，是匿名发表的，而他在1832年底废止危机最严重之时辞去了副总统的职务，回归南卡罗来纳州组建了"废止党"，第二以南卡罗来纳州参议员的身份重返国家政治舞台。
[62] Daniel Walker Howe, *What Hath God Wrought: The Transformation of American, 1815-1848*, p. 398.
[63] 亚伯拉罕·林肯：《林肯总统的第一次就职演说》，载詹姆斯·麦克弗森：《林肯传》，第129页。

在此意义上,卡尔霍恩和韦伯斯特并不是道不同的敌人,因为他们都愿意在既定宪法框架内"相为谋"。但内战前的州权主义者未能意识到的是,只要合约论将宪法的最终解释权分配给各州,[64]那么从干预、废止到脱离,只有一步之遥,区别完全在于卡尔霍恩这样的宪政主义者会止于这一步,而脱离分子在适当条件下就会毫不犹豫地迈出这一步。当代宪法学者在历史的长视野内便有可能洞悉其中的微妙:"一个政府,若是其正当性的根据不过只是契约式的思想交叠,就不可能长存,而必定会诉诸暴力去解决那些势必撕裂社会的不同意见。"[65]具体而言,如果政治宪法完全建立在社会契约的理论模型之上,同时宪法的解释权又是多元而分散的,没有法律文化所共同承认的"定于一"的解释者,只要这个共同体遭遇分裂性的政治议题,那么要解决问题很有可能就要诉诸突破既定宪法框架的暴力。这也许是第二代政治家无法逃脱的宪法命运,只是他们自己身处历史进程中无法完全理解而已。

3. 向心派的国家法律说

关于建国宪法的故事,韦伯斯特所代表的国家主义者却有不同的讲述。在他们看来,建国宪法标志着一个全新的开始,自此后,联邦共同体不再是各主权邦之间的合伙,新成

---

[64] 如此看来,宪法解释的最终权力到底是在司法机构,还是政治分支?实际上已经是第二次分配的问题了。
[65] H. Jefferson Powell, "The Original Understanding of Original Intent", 98 *Harvard Law Review*, p. 912 (1985).

立的联邦政府来自于人民,也直接作用于人民。1787年至1789年的制宪包含着"旧邦新造"的政治过程和"九邦新造"的宪法过程。[66]

首先看费城制宪者为他们的宪法草案所开出的"准生证",即费城宪法第七条:"九个邦宪法会议的批准,即足以使本宪法成立,在批准本宪法的州(即宪法生效前的邦)内生效。"这里包含着一个悖论:它是宪法草案的最后一条,对于宪法生效时刻之后的人们而言,它没有任何规范意义可言,只不过陈述了一个基本的历史事实;但对于费城现场的制宪者而言,第七条是整部宪法的根本前提,假使这一条无法满足,那么非但不会有我们今天所传颂的费城奇迹,费城制宪者的作为在邦联宪制框架内也只是一场失败的政变。这也就意味着,我们对第七条的分析必须回到制宪者所面对的基本法律格局,因为制宪者并不是在一张白纸上任意作画。根据费城宪法第七条的预设,当第九个邦批准宪法草案之时,一方面意味着新宪法生效以及新联邦宪制的启动,另一方面也隐藏着一个各邦脱离原邦联以及原邦联解散的过程。从政治实践上看,原邦联解体和新联邦启动是同一过程的两个方面。[67]在此意义上,美国的制宪建国包含着一个"旧邦新造"

---

[66] 下文的分析思路受到章永乐专著的启发,章永乐:《旧邦新造:1911—1917》,北京大学出版社,2011年。
[67] 当然,这里还存在着费城宪法第七条和《邦联条例》第十三条之间的冲突问题,因为《邦联条例》规定邦联是"永续"的,而且对《邦联条例》的任何修改都要求全体各邦一致同意,这样看来,宪法第七条显然违反了《邦联条例》。若是在既定邦联框架内进行改革,则应首先要求十三个邦一致同意解散邦联,然后由这些主权邦分别举行宪法会议,决定是否批准费城宪法草案。关于这一点的详细分析,可参见[美]布鲁斯·阿克曼:《我们人民:转型》,田雷译,第32—38页。

的主线。当新罕布什尔在1788年6月21日批准宪法草案之时，第七条规定的九邦多数即得到满足，因此"旧邦新造"也成就于一个"九邦新造"的时刻。

之所以说邦联是旧的，而联邦是新的，这旧与新之间的核心区别就在于，在新宪法得到批准之前，邦联宪制内的各邦保留着各自的主权。根据第七条，宪法仅在批准宪法的州内发生效力，因此"九邦新造"的过程允许主权邦说"不"。事实也是如此，直至华盛顿在1789年4月就职总统时，新联邦政府也只由11个州组成，此前的兄弟邦北卡罗来纳和罗得岛还没有加入新联邦大家庭。[68]而新造的新就在于，只要主权邦批准新宪法之后，它就因自己的意思表示而失去了完整主权。简单对比宪法第七条和第五条，就可以发现这一由主权邦向非主权州的转型。第七条规定了宪法生效的要件，其悖论在于它的规范力发生在整部宪法生效之前，但在宪法生效后反而又失去其规范力；[69]而第五条规定的是宪法修正案的生效要件，因此它的规范力只能发生在整部宪法生效后。在此意义上，第七条和第五条的规范力无法同日并存。如前所述，根据宪法第七条，主权邦有权独立地说"不"，罗得

---

[68] 这样看来，宪法第七条甚至包含着一种分裂的逻辑。罗得岛直至1790年5月才批准新宪法，重返联邦大家庭，而在它批准宪法之前，完全有理由认为自己才是《邦联条例》的守法者，华盛顿领衔的新政府是脱离组织。不仅如此，罗得岛最后的同意，多大程度上是慎思后的意思表示，多大程度上又是因为地缘政治和经济利益的压力，也是一个可以讨论的问题。而在罗得岛批准宪法后，新联邦就维持了旧邦联的所有地方成员及其疆域，由此也遮蔽了宪法第七条所包含的这种"新造"过程。关于罗得岛的后加入，参见布鲁斯·阿克曼：《我们人民：转型》，第74—76页。

[69] 这样对比，就呈现有关第七条最根本的问题。既然第七条与现有《邦联条例》冲突，那么是什么让制宪者有了自我宣告第七条的权威正当性？！

岛只要一天不批准宪法，宪法就不会在其境内发生效力；但根据宪法第五条，只要联邦政府的修宪提案得到四分之三多数州的批准，修正案即告生效，不仅适用于同意的州，也同样作用于说"不"的州，原因就在于宪法框架内的州已经失去了完整主权。

州权主义者在讲述这段历史时，将重心放在了新联邦和旧邦联在疆域、人口以及组成单元上的继承关系，却没有看清楚这种连续本来就有其历史偶然性（返回费城制宪会议的现场，没有谁能够保证十三个邦会悉数批准宪法），因此也遮蔽了联邦的宪法构建是一个脱胎换骨的再造过程。而国家主义者却将他们的建国故事围绕着这一新造过程展开：在费城制宪之前，"我们人民"都以各邦为基本组成单元，但费城宪法的起草、辩论、审议和批准就是锻造统一的"我们人民"的政治实践，在这一过程完成后，"我们人民"就成为了新宪法的正当性基础，也是宪法解释的最高权威。正因此，宪法就是人民的宪法，联邦政府就是人民的政府，约翰·马歇尔在美国银行案的判词中就曾写道："联邦共同体的政府……是人民的政府。无论是形式，还是实质，联邦政府都来自于人民。联邦的权力为人民所授，直接作用于人民，也要为人民福祉所用。"[70]回到此历史语境，我们可以知道，美

---

[70] 美国银行案是在1819年，McCulloch v. Maryland, 17 U.S. 316 (1819)。韦伯斯特在1830年同海因的大辩论中也指出，联邦政府是"由人民所创造的，为了人民而创造的，也当为人民负责的"。韦伯斯特的原文是"made for the people, made by the people, and answerable to the people"，后来林肯在葛底斯堡演说中修改为"government of the people, by the people, for the people"，亦即我们所熟知的"民有、民治、民享"。从马歇尔、韦伯斯特到后来的林肯，这三位法律人都有一以贯之的人民主权论述。

国早期宪政史上的人民主权论，所要对抗的正是离心派所鼓吹的主权在州论，而国家主义者对美国建国的历史讲述也就是甘阳多年前所概括的"公民个体为本，统一宪政立国"。[71]

既然宪法是由"我们人民"所奠基的根本法，并非各邦/州之间的契约，联邦政府是民有、民治、民享的人民政府，宪法的最终解释权就不可能留存在各州。鉴于人民无法随时登场去解释宪法，韦伯斯特们主张由联邦最高法院去最终解释宪法，其意并不在制约民选的政治分支（或防止所谓的多数人暴政），而在于对抗州权主义者的宪法解释学说。因为在第二代的政治时间内，由约翰·马歇尔所主政的联邦最高法院才是国家主义者的亲密战友，韦伯斯特们才放心地将宪法解释权交给马歇尔领导的最高法院。这同现代宪法学内论证司法审查正当性或民主功能的理论模型并无关联。[72]

最后还要说明，正如州权主义者的离心力并没有走到"踢开宪法闹独立"的那一步，国家主义者的向心力也没有激进到反联邦党人所警告的联邦对州的"吞并"（consolidation）。这一点在马歇尔于麦卡洛克诉马里兰州的判词中已讲得非常清楚："即便是政治梦想家，也不会疯狂到这个地步，竟会想着要打破将各邦区分开来的边界，将美国人民混合为一个无差别的大集体。"[73]

---

[71] 甘阳：《公民个体为本，统一宪政立国》，载《二十一世纪》1996年8月号。
[72] 关于宪法审查与早期国家建构之间的关系，可参见田雷：《论美国的纵向司法审查：以宪政政制、文本与学说为中心的考察》，载《中外法学》2011年第5期。
[73] McCulloch v. Maryland, 17 U.S. 316 (1819).

四、附论

"那是最美好的年代,那是最糟糕的时代。"

1825年6月,在纪念独立战争五十周年的群众集会上,丹尼尔·韦伯斯特阐释了"我们"这一代的宪法使命:"我们无法在一场争取独立的战争中赢得光荣……但是,对于我们来说,所存的还有一种守护和传承的伟大义务……我们所适于担当的任务就是改进。让我们的时代成为改进的时代!"[74]一年过后,1826年8月,在悼念亚当斯和杰斐逊逝世的群众集会上,韦伯斯特更是自觉地将本章所界定的"第二代"放置在一个贯通过去、现在和未来的历史长程内:"这可爱的土地、光辉的自由、美好的制度,我们国父所留下的宝贵遗产都是我们的了;要我们去享用,要我们去守护,要我们去传承。回首过去的世代,展望未来的世代,我们有责任肩负起这神圣的信任。"[75]因此,第二代的宪法任务就是要继承建国之父留下的原初宪法,将这部宪法所建构的联邦共同体传承下去。"守护""传承"但又要"改进",不改旗易帜,但也不能封闭僵化,这是第二代政治家的宪政之道。

"那是信心百倍的时期,那是疑虑重重的时期"。

联邦党人的建国有其不彻底性,美国宪法所包含的政治斗争史绝不是终结于1787年的费城时刻,反而是1787年宪法本身开启了自此之后的政治斗争,成为了后世所有政治问

---

[74] Daniel Webster, The First Bunker Hill Monument Oration, June 17,1825.
[75] Daniel Webster, Adams and Jefferson, August 2, 1826.

题的说服平台和决断尺度。宪法之父麦迪逊讲过:"这部宪法……既不是一部国家宪法,也不是一部联邦宪法。"[76]正是由于这种宪法建国的不彻底性,在第二代的宪法时间内,向心的国家主义者和离心的州权主义者围绕着一系列宪法问题进行了针锋相对的斗争,双方都主张自己才是建国之父的继承人,但同时也都对建国传统进行有限度的创造性转化。回首这三十年惊心动魄、波澜壮阔的宪法史,我们可以很清楚地发现两条路线的斗争线索,但无论何种路线斗争最终都要诉诸"说了算"的既定宪法。州权主义者无论如何激进,也从不认为各州有权单方面脱离联邦共同体,否则就是叛乱;而在另一阵营,国家主义者也并不认为国家政治过程可以"吞并"各州。

由此可见,第二代政治家都是在既定宪法框架内进行着他们的斗争乃至挣扎,如果说第一代政治家是行使制宪权的立法者,那么第二代就是宪定权的一代。若是总结这三十年的宪法大事记,那么首先映入眼帘的必定是一次接一次的妥协:1820年的密苏里妥协;1833年的关税妥协;1850年的奴隶制妥协。它们都有一个政治推手,就是"伟大的妥协者"亨利·克莱。回到第二代的历史现场,革命者可以将建国者的宪法斥为"与死人的契约,与地狱的共识",可以在群众集会上焚烧宪法册子来表现自己的勇气和良知,但妥协者克莱却只能戴着镣铐跳舞,因为宪政主义者首先要承认建

---

[76] 语出《联邦党人文集》第39篇, Alexander Hamilton, James Madison, & John Jay, *The Federalist*, p. 252。

国宪法是保护奴隶制的。在此意义上,第二代的悲剧就在于,奴隶制原本就是第一代国父在制宪权层面所进行的一次大妥协,他们却只能在既定宪法秩序内做基于宪定权的妥协,但一次又一次的妥协只能延缓危机,治标却不能治本。亨利·克莱对共和国的最后贡献是他推动了"维持了联邦共同体的1850年妥协",当克莱于1852年去世之时,联邦共同体已经步入了"迫在眉睫的危机"。[77]

"我们大家都在直升天堂,我们大家都在直下地狱。"

亨利·克莱是"伟大的妥协者",而他的仰慕者林肯却成为"伟大的解放者"。其中的区别也在于,克莱是第二代行使宪定权的守法者,而林肯成为了更新一代的重建者。在联邦政府即将走向内战的胜利之时,林肯所代表的共和党人取得了"重新建国"的权力。内战中抛洒的鲜血赋予他们书写建国以来若干宪法问题决议的正当权力,他们的重新建国也解决了联邦党人建国的不彻底:首先是第十三修正案废除了奴隶制,自由重获新生,紧接着又用第十四修正案重构了联邦共同体,一锤定音地解决了使第二代政治家陷入路线分裂的政治问题,续造了建国者以原初宪法所开创的共和国试验。

而关于林肯与美国宪法的故事,这就属于下一章所要解决的问题。

---

[77] 参见 Fergus Bordewich, *America's Great Debate: Henry Clay, Stephen Douglas, and the Compromise That Preserved the Union*; David Potter, *The Impending Crisis: America Before the Civil War 1848-1861*。

第四章

"合众为一"

林肯与早期宪法史的终结

我辽阔博大,我包罗万象。

——惠特曼[1]

[1] 引自[美]沃尔特·惠特曼:《草叶集》,赵萝蕤译,上海译文出版社,1981年,第149页。

一、"找回林肯":为什么与如何做?

自 1860 年 11 月当选美国第十六任总统,至翌年 3 月 4 日宣誓就职,林肯候任总统的四个月,[2] 是美国历史上著名的"分裂之冬"。在此期间,南部七个蓄奴州宣布退出联邦共同体,组建了南部邦联。正如林肯著名的"分裂之屋,无力自立"的演讲,自美国立宪建国以来就确立的北方自由制和南方奴隶制的"一国两制"状态,到此再也无法和平共处于同一宪法秩序内。面对着南北分裂的政治局面,林肯在就职时肩负着一个"比华盛顿当年担负的还要艰巨"的任务。[3] 如果说八十多年前,

---

[2] 在第二十修正案于 1933 年写入宪法之前,总统就职日为大选次年的 3 月 4 日,漫长的候任期会造成"跛鸭"政府在危机时刻的无所作为,因此被列文森教授称为宪法的"愚蠢"条款,参见 Sanford Levinson, "Presidential Elections and Constitutional Stupidities", 12 *Constitutional Commentary*, pp. 183–186 (1995)。

[3] [美]亚伯拉罕·林肯:《林肯选集》,朱曾汶译,商务印书馆,2010 年,第 172 页。

为了更好地研究林肯,我曾从林肯历年文献中选出六篇演说词,均为林肯宪法思想最系统或最集中的表述,我将它们翻译成中文,作为"林肯六篇"收录在翻译的《林肯传》中文版作为附录,参见[美]詹姆斯·麦克弗森:《林肯传》,田雷译,第 93—169 页。在翻译林肯演说词时,我参照了商务印书馆《林肯选集》的中译,感谢译者朱曾汶先生,我所参考的英文版林肯(转下页)

华盛顿及其建国兄弟们是要创建一个立于世界民族之林的国家，现在，历史交给林肯的任务就是要将这个由国父所开创的立宪政府传承下去。正如他在葛底斯堡演说的结束语所言，"这个民有、民治、民享的政府将永世长存"。[4]

在共和国命运危在旦夕的严冬里，"跛鸭"总统布坎南认为，南方诸州无权单方退出联邦，但他同时却宣称，联邦政府亦无权以武力强制任何一州留在联邦内。行将进入休会期的第36届联邦国会也在林肯就职前夕拿出一条妥协修宪案，为了安抚南方奴隶主，这条修宪方案明文宣布联邦政府无权在蓄奴州内干预它们的地方性制度。而在此"分裂之冬"，林肯留在伊利诺伊州的斯普林菲尔德，在一间借来的办公室内起草他的总统就职演说。在起草过程中，林肯手边不离建国者在1787年之夏起草的费城宪法（以及前十二条修正案），不仅如此，他还从律师合伙人那里借来三份参考文献，分别是（1）马萨诸塞州参议员丹尼尔·韦伯斯特在1830年国会辩论中对南卡罗来纳州参议员罗伯特·海因的答复；（2）杰克逊总统在1832年末对南卡罗来纳州废止关税之抗争的宣言；（3）肯塔基州参议员亨利·克莱就1850年大妥协所发表的演讲。[5] 1861年3月4日，一个清冷的春日下午，林肯面对五万名观礼群众发表了他的就职演说，据现场报道者称，

（接上页）文选，主要是 *The Writings of Abraham Lincoln*, edited by Steven Smith, Yale University Press, 2012。本章所引的林肯论述，大都出自我翻译的"林肯六篇"，而在这六篇之外则主要参考商务版《林肯选集》，在引用时也对照英文原文，进行了程度不等的调整，在此特作说明。

[4] 詹姆斯·麦克弗森：《林肯传》，第162页。

[5] Mark Neely, Jr., *Lincoln and the Triumph of the Nation: Constitutional Conflict in the American Civil War*, The University of North Carolina Press, 2011, pp. 38–42.

新总统的声音"清晰而坚定"。[6]

这时候,距离南部邦联打响内战第一枪还有一个多月的时间,但自以南卡罗来纳州为首的南部七州宣布退出联邦共同体开始,内战这场宪法危机的大幕就已拉开。遥想费城当年,建国者在长达百日的"辩论"后起草了作为美国政治根本法的1787年宪法,将在《邦联条例》治下保留主权的北美诸邦"合众为一",但彼时的"合众为一",首先是为了解决"不入伙,就等死"的生存问题,制宪者在费城会议上"搁置争议",并未将所有的政治问题都"定于一"。正因此,立宪建国之日,也是政治问题宪法化的开端。但是,内战前一次又一次的政治妥协,并没有从宪法源头解决制宪者遗留的问题。在林肯这位以自由劳动为施政纲领的总统上台时,南部蓄奴州宣布退出联邦共同体。在这些分裂分子看来,他们是美国革命以及《独立宣言》的继承人,他们合乎宪法地退出了联邦。简言之,美国内战是一场宪法危机乃至失败,林肯这位战时总统面对着许多宪法问题。也是在解决或者回避这些宪法问题的过程中,林肯成为了美国历史上最伟大的宪法解释者。[7]时至今日,美国公民——乃至任何一位现代共和国的公民——都生活在林肯的宪法政治遗产下。借用法学界常用的修辞,在美国内战结束以及林肯总统遇刺的

---

[6] Eric Foner, *The Fiery Trial: Abraham Lincoln and American Slavery*, W. W. Norton & Company, 2011, p. 157.
[7] 关于对美国内战作为宪法危机的分析,可参见 Arthur Bestor, "The American Civil War as a Constitutional Crisis", 69 (2) *The American Historical Review*, pp. 327–352 (1964);关于讨论林肯所面对宪法问题的导论著作,可参见 James Randall, *Constitutional Problems under Lincoln*, D. Appleton and Company, 1926;近期的讨论,可参见 Daniel Farber, *Lincoln's Constitution*。

一百五十周年之际，我们应当认真对待林肯。

在此语境下，本章的要旨在于"找回林肯"，之所以要"找回"，是指我们当下对美国宪法史的研究受限于以司法审查为中心的学术范式，将美国宪法的历史化约为联邦最高法院的宪法解释史，林肯在这种叙事逻辑中被冷落在历史的角落里，甚至有可能因其批评最高法院的言论而被视为法治的破坏者。鉴于此，本章借用20世纪80年代在政治学中兴起的"找回国家"（bringing the state back in）学派的[8]主张，我们对美国宪法史的研究也需要一场"找回林肯"的思想运动。"找回林肯"，不是指我们都要成为"就林肯论林肯"的林肯研究者，而是要让林肯成为进入美国宪法史研究的一种立场、方法甚至姿态，任何一种面向美国宪法的历史叙事必须安放林肯的宪法言行，否则就不足以形成整全的宪法史观。在近期纪念林肯的一篇文章中，美国保守派宪法学家迈克尔·鲍尔森（Michael Stokes Paulsen）就这样写道：

> 如果说内战是美国宪法解释历史上最重要的事件，那么林肯总统就是美国宪法最重要的解释者——宪法的维护者、保护者和捍卫者。大多数法学教授和法官如何解说当下的宪法议题，全世界不会关注，也不可能铭记，但是，林肯在适用美国宪法时做过些什么，又说了些什么，全世界必定不会忘记。正是林肯塑造了过去一百五十年

---

[8] Peter Evans, Dietrich Rueschemeyer, and Theda Skocpol, *Bringing the State Back in*, Cambridge University Press, 1985.

来我们对美国宪法的理解，其程度远非任何一位联邦最高法院大法官，甚至也非任何一位制宪者所能及。[9]

对于生活在林肯之后的美国人而言，林肯的宪法解释和决策早已化为美利坚合众国这个宪法共同体的立国之本。正因此，如何理解林肯，就成为每代美国人的"当代史"问题——每代人都有自己的林肯。正如杜波依斯在1922年所言，林肯"残忍却也仁慈；热爱和平同时又是一名斗士；看不起黑奴但却让他们选举和战斗；保护奴隶制，最终却解放黑人奴隶"，因此林肯"博大，包罗万象"（big enough to be inconsistent）。[10]而过了近百年后，呈现在我们面前的林肯，更是经过了不同时代、不同地域、不同亚文化的解读者的演绎，体现在学术资源中的形象更是多变、复杂乃至零碎。

如何将林肯"由知道许多事的狐狸"变为"只知道一件大事的刺猬"，[11]在有限篇幅予以全局性的呈现，这就要求在论证策略上有所不为，而后才能有所为。本章所限定的视界就是"释宪者林肯"。林肯总统生活在美国早期宪法秩序内，是建国宪法的最伟大解释者，当然，这里的伟大并不是说林

---

[9] Michael Stokes Paulsen & Luke Paulsen, "The Great Interpreter", *First Things*, May 2015。鲍尔森借用了林肯在葛底斯堡演说中的著名句式，"……这世界不会关注，也不可能铭记，但是……却永不会为世人所遗忘"，这是写在字里行间对林肯的致敬和纪念。葛底斯堡演说的中译，参见詹姆斯·麦克弗森：《林肯传》，第161—162页。
[10] 转引自 George Fredrickson, *Big Enough to Be Inconsistent: Abraham Lincoln Confronts Slavery and Race*, Harvard University Press, 2008。
[11] 用刺猬和狐狸这一对形象来描述林肯，可参见 James McPherson, "The Hedgehog and the Foxes", in James McPherson, *Abraham Lincoln and the Second American Revolution*, pp. 113—130。

肯的宪法解释是完全原创或融会贯通的（这是学术标准，但宪法解释在现代国家从来就不是一个学术问题），而在于他对建国宪法的理解最终成为了自由新生和宪法再造的历史根基。林肯代表着美国宪法史上最根本的分水岭，他以自己的牺牲终结了美国漫长的建国时刻，启动制宪权解决了建国者遗留在1787年宪法内的结构性难题，正是在此意义上，21世纪的美国事实上仍处在林肯之后的宪法时间。

研究释宪者林肯，首要材料就是林肯自己的宪法言行。在林肯的政治人生中，特别是担任内战总统的四年，林肯围绕宪法议题有过一系列的演讲和书信。长期以来，我们将林肯的文本当作学习英文修辞的美文，主要用以文学鉴赏，而没有将其还原到美国宪法解释的现场进行法学解读。背诵只有272个单词的葛底斯堡演说从来不是难事，但如何将林肯的演讲带回美国宪法史所规定的语义和语境，就是我们"找回林肯"的首要挑战。在本章中，我将林肯的文本视为法教义学意义上的美国宪法"经典"（canons）。[12] 当然，可见于文字的林肯是多彩多姿的，即便是收录在《林肯选集》内的文字也并非通篇都是本章意义上的解释性经典。[13] 以下主要关注林肯的这些文本：（1）1838年1月27日，林肯对伊利诺伊州斯普林菲尔德青年学会的演说；（2）1861年3月4日，林肯总统的第一次就职演说；（3）1861年7月4日，林肯总

---

[12] 关于美国法语境下的教义经典，可参见 Jack Balkin and Sanford Levinson, eds., *Legal Canons*, NYU Press, 2000。
[13] 比如，林肯年轻时所写的一些私人信件也收入《林肯选集》，但这些文本对于我们今天理解林肯的宪法解释显然并没有直接的关系。

统致国会特别会议的咨文；（4）1862年12月1日，林肯总统致国会的年度咨文；（5）1863年11月19日，林肯总统在葛底斯堡国家烈士公墓落成典礼上的演说；（6）1865年3月4日，林肯总统的第二次就职演说。[14]

在解读林肯的宪法文本时，我们应当意识到，要阅读的不仅是林肯说了什么（words），还应包括林肯怎么做的（deeds）。更准确地说，林肯作为联邦政府的战时总统和军队总司令，他的任务当然不是在象牙塔内撰写一部"美国宪法解释指南"，林肯解释宪法的"文本"首先就是他"维护、保护和捍卫宪法"的政治行为。如同林肯研究的权威学者詹姆斯·麦克弗森所言，我们应当关注林肯是如何"以言行事"的。[15]就此而言，我们应采用一种"文本间主义"的解释方法来理解林肯。[16]这里的"文本间"，首先是指要将林肯的字面文本作为一个相互融贯的整体来理解。其次，或许更重要的是，我们应当认识到林肯的总统行为也是宪法学要研究的另一种"文本"，观察words和deeds之间是否有背离，又是如何取得统一的。简言之，我们应当全面而非割裂地进入林肯研究。

但只要还停留在就林肯论林肯的逻辑里，就无法达到宪法学所要求的"全面"。前述作为宪法经典而存在的林肯文本，

---

[14] 以上六篇演讲，也即我所说的"林肯六篇"，参见詹姆斯·麦克弗森：《林肯传》，第93—169页。
[15] 可参见 James McPherson, "How Lincoln Won the War with Metaphors", in James McPherson, *Abraham Lincoln and the Second American Revolution*, Oxford University Press, 1991, pp. 93–112。
[16] Akhil Amar, "Intratextualism", 112 *Harvard Law Review*, pp. 747–827 (1999).

不是林肯在书斋里慎思明辨的产物,而是诞生在政治的强力与偶然之中,因此往往是知识人难以理解的文本。我们今天去理解林肯的解释性经典,首先必须回到产生这些经典的宪法政治语境,特别是让林肯肩负着比华盛顿更艰巨任务的内战这场宪法危机以及它的来龙去脉。只有重新构建早期宪法史上具体的、真刀实枪的解释场域,我们才能发现林肯文本的宪法意义,否则葛底斯堡演说永远只能是慰藉知识分子心灵的政治美文而已。1848年,当林肯尚且只是国会众议院的年轻议员时,他就在国会围绕"内陆基建"的辩论中谈到过宪法解释问题:"主席先生,有关宪法问题,我没有太多可讲。像我这样的一个人,当我站起来发言时,我就感到,若要尝试任何原创的宪法论证,我就不可能也不应该得到耐心倾听。早在我之前很久,那些最有能力也最具美德的人们就已经在耕耘这整片领域了。"[17]林肯作为一位释宪者并不是从天上掉下来的,从一开始,他就生活在本章所说的早期宪法文化的政法传统内。1860年当选总统之前,林肯是伊利诺伊州境内最成功的律师,耶鲁法学院的安东尼·科隆曼称林肯为"法律人-政治家"(lawyer-statesman)的典范。[18]在讨论林肯时,我们不可脱离林肯本人已自觉意识到的建国宪

---

[17] Mark Neely, Jr., *The Fate of Liberty: Abraham Lincoln and Civil Liberties*, Oxford University Press, 1992, p. 211.

[18] "我称之为'法律人-政治家'的理想。在美国法的每个时代,这种理想都能找到其杰出的代表人物。例如,林肯就在其中。在内战之前的岁月,当林肯在奋力寻找一条可以同时挽救共同体和民主的道路时,他并没有可以指引自己的公式。林肯也没有任何技术性的知识,可以告诉他如何找到破解美国两难困境的出路。林肯所能依赖的只有他的智慧——他审慎的平衡感,从而判断应在何处达成原则与实用之间的均衡。" Anthony Kronman, *The Lost Lawyer: Failing Ideals of the Legal Profession*, Harvard University Press, 1995, p. 3.

法传统的解释谱系。

由此可见,我们不仅要在林肯的体系内全面理解林肯,而且要将林肯的文本放回美国早期宪法历史的发展脉络中。只有在美国早期宪法文化的语境,我们才能知道林肯如何从他口中"最有能力也最具美德的人们"那里学习宪法解释。宪法解释是一种代际的对话:如果我们将韦伯斯特在1830年对海因的答复视为对南卡罗来纳州的第一次答复,将1832年杰克逊总统回应废止危机的宣言视为对南卡罗来纳州的第二次答复,那么林肯宣布南方各州退出联邦为违宪举动的就职演说,就构成了对南卡罗来纳州的第三次答复。最终,我们要建设林肯的"法律图书馆",[19] 一方面,在早期宪法史的坐标系内发现一个存在于字里行间的释宪者林肯的形象;另一方面,还要发现林肯与早期宪法文献之间另一种隐秘的"互文性":不仅是要以早期宪法文化为语境去理解林肯自身,还要以林肯为方法去理解美国的宪法发展乃至普遍意义上的宪政实践。

二、"两次建国"与早期宪法史的路线之争

在宪法史的叙事中"找回林肯",当务之急并不是要梳理林肯曾面对的宪法问题,而后对这些问题逐一进行法律评

---

[19] 关于"早期宪法史内的法律图书馆",可参见 Alison LaCroix, "The Lawyer's Library in the Early American Republic", in Martha Nussbaum and Alison LaCroix, eds., *Subversion and Sympathy: Gender, Law, and the British Novel*, Oxford University Press, 2013, pp. 251-272。

析。[20]我们首先要思考作为宪法问题的林肯，而不是林肯的宪法问题，要将林肯作为我们提出问题的方法。也就是说，通过"林肯"，找到一种进入美国宪法史的知识姿态、学术立场和思想方法。这是在宪法史中"找回林肯"的用意所在。

从"一部宪法史"的叙事方法来看，美国宪法所走过的两百多年的漫长历程，首先可以分为"林肯之前"与"林肯之后"的两个历史阶段。[21]以林肯1861年至1865年的四年总统任期为分水岭，此前的历史阶段首先是一种"遥远的过去"，[22]而在林肯之后，美国宪法的历史就迈入了"当代史"的阶段——每一代人都生活在林肯再造的新宪法秩序内。当然，"林肯之前"与"林肯之后"并非泾渭分明。"林肯之前"所定义的早期宪法史，虽然距今遥远，但并不是僵死的历史。林肯全部的政治和军事努力，并不是以宪法革命的姿态切除内在于建国宪法的奴隶制这种宪法邪恶，而是通过宪法解释来"挽救联邦共同体"。"林肯之后"的宪法发展并没有脱离建国者所规定的宪法之道，这种实践也决定了美国早期宪法史与现代宪法史之间的互文。

若说"超稳定性"和"活宪法"是美国宪法的历史与实践呈现的二元面向，[23]那么以林肯为方法，我们可以发现这两种在分析意义上相互冲突的面向在美国宪法历史的实践内

---

[20] 这方面的佳作是 Daniel Farber, *Lincoln's Constitution*。
[21] 关于"一部宪法史"的叙事方法，可参看本书第一章的相关论述。
[22] 关于"美国宪法史作为一种遥远的过去"，可参见［美］布鲁斯·阿克曼：《我们人民：奠基》，汪庆华译，中国政法大学出版社，2013年，第38—41页。
[23] 王希：《原则与妥协：美国宪法的精神与实践》（增订版），北京大学出版社，2014年，第44—45页。

是如何结合成一体的。在"活宪法"的叙事中,林肯是美国早期宪法史的终结者,结束了贯穿早期宪法史的两种路线之争,在林肯与世长辞之后,重建修正案实现了他所承诺的"自由的新生"。但更应看到的是,林肯的宪法改革并不是对建国宪法的"推倒重来",他并没有否定过去,而是用一场历时四年的内战解决了1787年制宪者的建国不彻底问题。在此意义上,林肯是再造共和的"国之子",是美国漫长建国时刻里"定于一"的释宪者。[24] 因此,当谈及林肯,活宪法的叙事应当展开于超稳定性的历史尺度。

林肯生于1809年2月12日,1865年4月15日遇刺身亡,此时内战结束尚未及一周。因此,一个基本的史实就是,林肯在其有生之年从来没有看到过宪法文本的变动。1804年,第十二修正案增修进宪法,此时距离林肯降生还有五年时间;林肯也未能活着看到第十三修正案写入宪法,要等到1865年岁末,林肯力推的这条废奴修正案才得到最终批准。但宪法文本的稳定并不意味着这是一段波澜不惊的宪法史。事实正相反,以1776年《独立宣言》、1781年《邦联条例》、1787年费城宪法这段"革命—制宪—建国"三部曲为历史起点,[25] 至1863年林肯在内战中发表葛底斯堡演说,这长达

---

[24] 林肯作为"国之子"的传记,参见 Richard Brookhiser, *Founders' Son: A Life of Abraham Lincoln*。
[25] 美国的宪法史究竟应当从何时算起,是1787年费城宪法会议,还是1776年《独立宣言》?这是一个非常重要但在本章论述中可以回避的历史问题。根据林肯的理解,美利坚民族诞生于1776年,因为林肯在1863年的葛底斯堡演说,开篇就指出国父在"八十七年前"创建了美国,由此可见林肯认为建国时刻是起始于1776年《独立宣言》。这个问题的复杂性远非一个脚注所能处理,本章在讨论林肯的联邦观时对此略有涉及,但总体上是回避这个问题的。

八十七年、前后绵延三代人的美国宪法发展历程，就是本章所界定的美国早期宪法史，也构成了美国这个宪法共同体的漫长建国时刻。由于1787年制宪建国有其不彻底性，最根本的宪法问题在此阶段始终保持着面向未来的开放性，早期宪法史因此是一段"建国尚未成功，同志仍需努力"的历史，只是司法中心主义的叙事范式未能发现早期宪法政治的舞台，因此遮蔽了建国"八十七年以来"惊心动魄的宪法史。

遥想费城当年，建国之父为了实现政治力量在最大范围的团结，在经历百日大辩论之后，向北美十三邦人民拿出了一部包含着若干重大妥协的建国文件。费城之所以出现"奇迹"，很大程度上在于制宪者们以妥协求团结的政治策略。[26]在一场历时更久、范围更广、程度更深的全民大辩论之后，费城宪法草案得到"批准"，取代1781年《邦联条例》成为"共同体"（the Union）的根本法。从法理上说，在《邦联条例》治下的各邦仍保留邦国的原始主权，邦联只是各主权邦之间的"友爱同盟"，但根据1787年宪法的序言，"我们合众国人民"是这部宪法的制定者，当宪法草案根据第七条而得到邦联共同体内九个邦的批准之后，新宪法生效。如果说1787—1789年制宪有什么革命性，就体现在这种"九邦新造""合众为一"的"建国"。

但革命并不彻底，建国原则也未能贯彻到底。曾有政治

---

[26] 关于"费城奇迹"，可参见[美]凯瑟琳·德林克·鲍恩：《民主的奇迹：美国宪法制定的127天》，郑明萱译，新星出版社，2013年；关于费城会议的全程，可参见[美]詹姆斯·麦迪逊：《辩论：美国制宪会议记录》，尹宣译，译林出版社，2014年。

学者指出，美国宪法秩序在其源头之处就包含着"两次建国"，第一次建国起始于1776年的《独立宣言》，终结于1781年获得批准的《邦联条例》，这次建国"创建了一个国家同盟"（league of nations）。第二次建国则发生在1787年至1789年，这次政治发展的断裂创造了一个"部分是联邦，部分是国家"（partly federal but now also national）的"复合共和国"，更准确地说，是在有限领域具有全民性的联邦政府。[27]这两次建国在美国宪法秩序内部植入了两种针锋相对的共同体观念，构成了自此以后两种宪法路线援引的源头活水。而在笔者看来，与其说美国有过两次建国，不如说其建国宪制内包含着两次制宪。第一次制宪形成了宪法正文的第一至七条，这是由联邦党人所主导的建国文件，旨在建成一个欧洲模式的"财政－军事国家"。第二次制宪则是在费城宪法批准两年后增修的前十条修正案，这一揽子写入宪法的修正案，现在被称为《权利法案》，但在内战之前，更像是反联邦党人以及后来的州权派所主张的州权宣言，是主权在州的宪法合约说的主要文本依据。[28]由此可见，反联邦党人并不因"反"这个帽子而成为制宪时刻的政治异议人士，即便是在这个源头处，他们也是可以同联邦党人相提并论的"另一派建国者"。[29]当然，无论是两次建国，还是两次制宪，在美国第一代建国

---

[27] Elvin Lim, *The Lovers' Quarrel: The Two Foundings and American Political Development*, Oxford University Press, 2014, p. 1.
[28] 关于"权利法案"在内战前作为州权文献的存在，参见 Akhil Amar, *The Bill of Rights: Creation and Reconstruction*, Yale University Press, 1998。
[29] 关于"另一派建国者"，参见 Saul Cornell, *The Other Founders: Anti-Federalism and the Dissenting Tradition in America, 1788-1828*, The University of North Carolina Press, 1999。

者的政治实践中都保持着对立的统一，构成了贯穿美国早期宪法史内两种路线"相爱又相杀"(lovers' quarrel)的矛盾根源。这种对立的统一最典型地体现在麦迪逊的身上：他既是建国宪法的设计师，同时也是"州权法案"的起草者，既写过《联邦党人文集》内最重要的建国纲要，后来也在1798年撰写了抗击联邦暴政立法的《弗吉尼亚决议》，成为早期宪法史上的州权文献经典。在此意义上，越是典型的，就越是内在地包容着两种力量之间的张力。

建国宪法实现了"合众为一"，但主权的合并却无法毕其功于费城一役，未能实现宪法解释的"定于一"。美国宪法斗争的历史并没有随着费城会议的结束而终结，正相反，当立宪政府在1789年开始运转后，如何解释建国宪法就构成了政治斗争反复辩论的问题。因为制宪建国的不彻底，写入宪法文本内的妥协实质上是将分裂性的政治议题留待未来解决，内战前的政治辩论因此表现出了极大的开放性。既然宪法解释的开放根源于建国的不彻底，那么早期宪法史上的学说之争首先并不是解释学意义上的法教义争议，而是内在于建国宪法秩序的政治传统之争，其核心就表现为可以分别上溯至联邦党人和反联邦党人两种路线的反复博弈、斗争与妥协，直至1860年林肯当选美国总统，这两种传统再也无法继续和平共处于同一秩序内，"于是，战争来了"。[30]

如果说两次建国是制宪权意义上的斗争，"不入伙，就

---

[30] 语出林肯总统第二次就职演说，詹姆斯·麦克弗森：《林肯传》，第167页。

等死"的地缘政治格局让"合众为一"成为某种"必然法则",那么在立宪政府的日常运转中,两种政治路线的斗争就是制宪权退场后形成的基于宪法的解释之争。纵观美国内战前宪法史,两种路线围绕着如下三个问题展开了跨越三代人的斗争。首先,如何理解建国宪法的性质,究竟是一部主权国家的最高法律,还是各个邦国间的国际条约?其次,如何理解这部宪法所创建的 federal union(名为联邦的联合体)的法律性质,是统一不可分裂的单数,还是主权在地方的复数?最后,谁是宪法文件的权威解释者,是代表全体人民出场的联邦最高法院,还是作为宪法合约之缔约方的各州?回顾这段历史不难发现,围绕上述问题的路线之争不仅针锋相对,而且一以贯之,在两种路线内都形成了脉络清晰的解释性经典。当然,执政者要做事,因此时常保持无言,而抗争者却需发声,因此州权学说的传统中涌现出更多的文献。从1798年杰斐逊和麦迪逊分别起草《肯塔基决议》和《弗吉尼亚决议》以来,可以说是弦歌不绝,直至出现挑起内战的南方叛乱分子的"退出"学说。相应地,林肯起草总统就职演说时所引的参考文献,就构成了由联邦党人开启的国家主义传统内的解释性经典。如前所述,我们不妨将它们视为在漫长建国时刻对州权领头羊南卡罗来纳州的多次答复,连贯性一览无余。

漫长的早期宪法史形成了可以称之为"早期宪法文化"的政治心理结构。这种具体的宪法文化至少有三个特点。首先是政治问题的宪法化,因托克维尔在《论美国的民主》中的著名论断,我们对这一现象并不陌生,确实如此,内战前的关键政治冲突都要转化为宪法议题而得到"摆平理顺"。[31]其次,在亲历费城会议的制宪者相继辞世之后,现在所谓的"原旨主义"宪法解释方法浮出水面,成为解释建国宪法的主流方法。[32]最后,早期宪法文化是一种极具包容性的"守法"心理结构,内战之前,南方和北方虽然对建国宪法形成了针锋相对的解释传统,但双方却共享着同一种宪法文化,甚至1861年的南方叛乱者也还是要回到建国宪法来证明他们退出共同体的行为是合宪的。这种"以守法为核心"的宪法文化塑造了以斗争求团结的宪政传统。

林肯当然也不例外,在早期宪法文化的语境,林肯的宪法解释谈不上具有多少原创性,也并未构建或尝试构建整全周延的解释体系。林肯之所以成为美国宪法最伟大的解释者,是因为他出现在两种解释传统再也无法和平共处而要诉诸战争的历史时刻。此时,制宪权重返舞台,林肯终结了早期宪法史的漫长建国时刻,国家主义的解释完胜州权学说的解释。在此宪法文化中,林肯的解释之所以可以"定于一",并不是因为在一种理性的政治审议场域完成了对州权主义的"说服"。事实上,林肯比任何人都要清楚,两种传统究竟谁负谁胜,这是内战提出来的宪法问题,当然要由战场上的成

---

[31] 正文特意用了"摆平理顺"这个词,因为诉诸宪法并不等于问题即可得到解决。早期宪法史事实正相反,有些时候问题得到解决,但更多的时候只是暂时解决(妥协)或者通过宪法机制而回避问题。正是在此时期,宪法的功能就在于将某些分裂性议题排除在政治过程以外("不争论"),从而维持共同体的基本团结,参见霍姆斯对内战前国会"闭嘴法案"(gag rules)的讨论,Stephen Holmes, "Gag Rules or the Politics of Omission", in Jon Elster & Rune Slagstad, eds., *Constitutionalism and Democracy*, Cambridge University Press, 1988。
[32] 原旨主义在早期宪法史中的兴起,可参见本书第三章的讨论。

败来加以裁决。在此意义上，林肯的宪法实践是一体两面的。一方面，林肯是建国宪法秩序的正统解释者；另一方面，林肯又是重建宪法秩序的奠基人。这种两面也体现在葛底斯堡演说中，一方面，这篇演讲是美国建国"八十七年以来"若干重大历史问题的决议；另一方面，它也是美国新宪法的隐藏序言。[33]在林肯之前，建国宪法虽然写下了不可动摇的立国之本，但立国之本应如何理解却始终是开放的，始终要在路线斗争的场域接受辩论，林肯正是此意义上的释宪者。而在林肯之后，林肯对建国宪法的解释就构成了美国新宪法秩序的根基，是不容常规政治过程加以挑战、辩论和变革的，今天的美国人仍生活在林肯的政治遗产中。

三、林肯的联邦（共同体）观

1. 南部邦联的州权学说

在早期宪法史脉络内，南方蓄奴州于1860年末开始退出联邦共同体，并不是历史在林肯当选总统后发生了突然的转向或断裂，而是历史的一种延续。从麦迪逊和杰斐逊在1798年反击《外侨与惩治煽动叛乱法》时所提出的"干预"说，到南卡罗来纳州在19世纪30年代初对抗联邦关税时的"废止"说，1861年的"退出"不过是州权学说逻辑推演后的必然结论。这是在州权逻辑上迈出的一小步（当然，也正是这

---

[33] 葛底斯堡演说作为新宪法序言，参见 George Fletcher, *Our Secret Constitution: How Lincoln Redefined American Democracy*, Oxford University Press, 2001。

一小步，完成了从宪法框架内部的抗争到踢开宪法闹革命的性质之变，因此是跨越雷池的一大步）。[34] 自建国以来，共存于同一屋檐下的两种制度在这时产生了根本的决裂。事实上，南方分裂分子甚至不难从《联邦党人文集》这部建国纲要中找到支持"退出"的只言片语，历史的延续性由此可见一斑：

> 我们的政治制度立基于如下公理：在任何可能发生的情形内，各邦/州的政府将提供充足的保障，制止全国政府的权力入侵公众的自由。民选机构目光锐利，他们比普通人民更有能力识破掩藏在种种借口下的篡权阴谋。各邦议会将有更有效的信息手段。它们可以发现远方的危险；由于拥有全部的政权机构，深受人民的信任，它们可以当即采用常规的反抗计划，由此调动起社区内的所有资源。各邦议会之间还便于沟通，为了保护它们共同的自由而将它们的力量联合起来。[35]

更不必说，任何一篇州权主义脉络内的经典文献，在1861年都可以为南方分裂分子所用，断章取义之后，州权的修辞就能成为退出联邦的"国父指南"。在内战第一枪打响后，南部邦联总统杰斐逊·戴维斯就阐述过一种极端的州权

---

[34] 宪法不可能容纳退出权，参见 Cass Sunstein, "Constitutionalism and Secession", 58 *University of Chicago Law Review*, pp. 633–670 (1991)。

[35] 《联邦党人文集》第28篇，还要指出，这篇出自最主张中央集权的汉密尔顿的手笔，参见 Alexander Hamilton, James Madison, & John Jay, *The Federalist*, pp. 175–176。

学说。根据这位"好战叛乱者"的解释,[36]自1776年《独立宣言》起,北美各邦结成了一个以抗击英帝国为目的的"同盟协约",经过1781年《邦联条例》,进一步形成了一个各邦明文保留主权的"友爱同盟"。1787年制宪,诚然是"为了形成一个更完善的联合",但1787年宪法仅在批准宪法的邦内生效,就证明了这部宪法只是"一部在独立各邦之间的合约"。宪法第十修正案也明文规定:宪法未授予合众国、也未禁止各州行使的权力,由各州各自保留或由人民保留。这就是内战前州权学说中主流的"合约理论"。根据合约论,宪法只是一部各主权州之间订立的合约,因此那种认为这部宪法创设了一个"国家"的观点,只是北方的异端邪说,"在北方人的心灵中,宪法原则已经遭到全盘彻底的污染"。林肯当选总统就意味着北方人"违约"在先,废除奴隶制"会剥夺数十亿计价值的财产"。正是因为北方在先的违约,南方各州才援引"自1798年以来的宪法信条"——"每一个州,作为最后的救济,都是特别法官,判断它所承受的不公以及可用救济的模式和措施"。"显而易见,根据万国法,此原则是适用于独立主权国家间关系的公理,包括那些根据宪法合约联合起来的国家。"简言之,美国的建国宪法,在戴维斯看来,不过只是主权国家间的合约,在此框架下,各邦在宪法生效后仍保留主权。正因此,各邦在1787年可以合则来,在1861年也可以选择不合则去。[37]

---

[36] James McPherson, *Embattled Rebel: Jefferson Davis as Commander in Chief*, Penguin Press, 2014.
[37] 戴维斯的论述,可参见其在1861年4月29日对南部邦联临时国会(转下页)

2. 林肯在总统就职演说中的回应

在1861年3月4日的总统就职演说中,林肯对南方诸州是否有权单方面退出的问题做出回答。万众瞩目之下,林肯的答案是不容置疑的:联邦共同体是"永续"的,各州在联邦内并无主权可言(甚至除得克萨斯州以外,各州从来就没有过主权),单方面的退出就是踢开宪法闹叛乱。回到早期宪法史的语境,林肯的就职演说不仅是对南部邦联分子在那一当下的回应,也标志着以南方为主要基地的州权学说走向最终崩溃的第一步。[38] 如果用现代法律解释理论来分析林肯的文本,我们可以发现,林肯在论证"南方无权单方面退出永续联邦"这个结论的过程中,至少采用了四种法律解释的方法。

林肯首先诉诸结构解释,用他自己的话来说,他的推理立基于"普遍法则(universal law)和宪法"。林肯一上来就开宗明义,宣布"各州组成的共同体是永续的"。或许因为未能在宪法文本内发现载明"永续性"的条款,所以林肯在此部分并没有直接引用宪法的具体条款,整个推理更多地基于他所讲的"普遍法则",因此是一种结构性的论证。比如林肯讲道:"我在此可以有把握地指出,没有哪家正规的政

(接上页)的咨文;戴维斯的副手、南部邦联副总统亚历山大·斯蒂芬斯,后又提出一个更系统的阐释:退出是"邦国与生俱来的权利",表现为自我宣布此后不以任何方式受合约的约束,参见斯蒂芬斯的《近期国家间战争的宪法解读》(*A Constitutional View of the Late War between the States*),参见 Daniel Farber, *Lincoln's Constitution*, pp. 77—78。

[38] 内战前,州权学说的大本营在南方,但并不完全如此,关于北方的州权学说,可参见刘晗:《民主共和与国家统一:美国早期宪政中的北方分离运动》,载《环球法律评论》2011年第6期。

府曾在其组织法内写入了使自身终结的条款。"换言之，制宪者通过宪法而建构一个可统治的政府，其中不言自明的含义就是要让这个立宪政府永远存在下去。而且，林肯的论证并没有全部局限在美国宪法，而是扩展到了立宪政府的普遍原理："永续性，在所有国家政府的根本法中，若是没有得到明文表达，也必定是隐含于其中的（implied）。"正是以此判断，林肯希望向听众传达他没有明文表达的言下之意：在世界民族之林，美国政府的永续性正是属于那种隐藏在宪法文本内的。[39]

在此之后，林肯尝试以历史解释来加强前述的结构论证，"联邦共同体在法律意义上是永续的，而联邦共同体自身的历史也确证了前述的法律结论"。如果说传统上认为美国是一个因宪法而联合起来的政治民族（也因此宪法在前，美国在后），那么林肯的论证则起始于一个违背常识的命题："共同体的历史要远早于联邦宪法。"（The Union is much older than the Constitution.）林肯对这一反常识的命题进行了简短的阐释：

> 事实上，共同体成形于1774年的《联合条例》。1776年的《独立宣言》让共同体得以成长并且延续。根据1778年的《邦联条例》，共同体进一步得到完善。当时共同体内的全部十三州信誓旦旦地约定，邦联应当是永续的。而最终，到了1787年，制宪和立宪明文宣称

---

[39] 詹姆斯·麦克弗森：《林肯传》，第123—124页。

的目的之一就是，"形成一个更完善的共同体"。[40]

由此可见，林肯将共同体的生成历史理解为一个"四步走"的过程。首先，共同体的诞生甚至可追溯至1776年之前——鲜为人知的1774年《联合条例》。在此之后，从《独立宣言》《邦联条例》，再到1787年宪法，每一部宪制性文件都代表着又一次地完善这个诞生于1774年的"共同体"，由此勾勒一种进步史观的历史叙事。而在这"四步走"的历史过程中，最有说服力的环节存在于《邦联条例》与1787年宪法之间的关系。因为《邦联条例》明文宣布"邦联应当是永续的"，而1787年宪法在序言内又开宗明义，我们人民制宪，首要目标就是要"形成一个更完善的（联邦）共同体"（to form a more perfect Union）。毋庸置疑，"更完善"显然是在"永续"基础之上的更完善，因此由1787年宪法所创立的联邦共同体自然是永续的，否则"更完善"就是毫无意义的。

林肯所用的第三种论证，是在实践层面对南方反叛者的警告，因此可归为现代法律解释中的结果主义/实用主义。其逻辑如下：如果共同体内的少数人确有退出的权利，那么少数人中还有少数人，从逻辑上讲，少数人的退出权可以不断延伸下去，直至共同体完全崩溃，分解为相互独立的原子式个人。林肯在此部分就这样反问南部邦联："正如当下联邦共同体的多个地区主张从联邦中脱离一样，一年或两年过后，新邦联的内部难道不会再一次出现脱离的任性要求？"

---

[40] 詹姆斯·麦克弗森：《林肯传》，第124页。

林肯的警告无疑是对南方谋求独立的致命一击：南方如果主张退出权，那么就必定要承认南方内部的少数人也有退出权，这样的话，退出权会让任何一个政治共同体如多米诺骨牌一样崩溃，或者说，承认退出权的共同体，就无法建立有效政府。林肯在演说中有句话直指问题之根本："我们现在可以说，脱离的核心思想本质上就是无政府。"[41]

最后，林肯诉诸地缘政治的论证来反对南方的分裂之举。他在此部分指出："从地理条件上讲，我们也不能分离。我们既不可能将各自地区彼此搬开，也无法在它们中间筑起一道不可逾越的墙。丈夫和妻子可以离婚，分道扬镳，彼此再不见面；但是，我们国家的不同地区却做不到这样。"[42]在早期宪法史的语境，林肯的地缘主义论证接续了联邦党人关于美国为什么要通过宪法"合众为一"的阐释。直至1862年12月1日，林肯还在致国会的咨文中从地缘逻辑来解释为什么美国不可分裂："就我国国土的自然禀赋和适应力而言，它要求联合起来，而憎恶分裂开来。事实上，不管分裂会流尽多少鲜血，破坏多少财富，用不了多久，它就会要求重新联合起来。"[43]而地缘政治的宪法论证，其第一原则就是"Join, or Die"——联邦党人当年制宪，就是要防范北美诸邦陷入欧洲旧大陆的命运，列国分疆，以邻为壑。

当然，林肯在演讲中也特别回应了南方州权传统一贯主张的合约理论。在林肯看来，即便承认合约论，认为联邦

---

[41] 詹姆斯·麦克弗森：《林肯传》，第128—129页。
[42] 同上书，第131页。
[43] 同上书，第157页。

政府不是一个适格的政府,而只是各州的合约联盟,那么,"非经契约全体缔约方一致同意,契约难道就可以和平地撤回吗?"。[44]换言之,南部诸州单方面退出共同体,无论如何,都是一种"违约"乃至"毁约"行径。也许存在着合法的退出程序,但必定不是当时南方各州所进行的这种单方面退出。[45]

3. 解析林肯的联邦观

当林肯向南方邦联分子论证退出违宪时,林肯表现出了内在于美国早期宪法文化的连续性。亨利·克莱是美国第二代政治家中的"三杰"之一,也是林肯毕生的政治偶像,他心目中的"政治家的完美典范"。我们不难在林肯的宪法解释中发现他对克莱的传承。克莱生于1777年,辞世于1852年,史称"保全联邦共同体"的1850年大妥协就出自克莱之手。1850年2月5日,克莱在参议院引入他的一揽子妥协方案时曾发表演讲——这是林肯起草就职演说时曾参考的解释性经典。在持续两天、长达五个小时的演讲中,克莱指出,十三个州最初之所以制定宪法,不仅是为了制宪那代人,而且是为了此后无穷匮也的子子孙孙。宪法好比私生活内不可解体的婚姻。"让我们复述夫妻之间的那些话:我们各自都有过错;只要是人性的,就没什么是完美无缺的;因此让我

---

[44] 詹姆斯·麦克弗森:《林肯传》,第124页。
[45] 在建国宪法框架内,是否存在着合法退出的程序,比如联邦共同体内所有州都同意解散联邦,则退出是否就是合法的,基于林肯文本的宪法分析,参见 Akhil Amar, "Abraham Lincoln and the American Union", 2001 *University of Illinois Law Review*, pp. 1109-1133 (2001)。

们善待对方，宽容克制；让我们生活在幸福与和平之中。"[46]根据克莱所述，退出必定意味着战争，而且联邦在南北之间的分离最终不会只是分裂为两个"邦联"，分离是一种开启后就无法遏止的分裂过程，最终南方和北方邦联也会各自分裂为更小的邦联。北美新世界由此步入欧洲旧大陆的战国命运，这种政治格局将会带来"某个恺撒或拿破仑"，摧毁联邦分裂后各个地域的全部自由。[47]从林肯的就职演说中，我们可以找到克莱以及国家主义脉络内各位先贤的身影，林肯的命题及其论证并没有原创性——如前所述，林肯也从未主张过自己的原创性。

如果说林肯在何处表现出对国家主义传统旗帜鲜明的突破，那就是他突破了国家诞生于制宪这一主流叙事，而将共同体的形成追溯至1774年《联合条例》。在两年半后的葛底斯堡演说中，林肯用"八十七年前"将美利坚民族的诞生回溯至1776年的《独立宣言》。这两年的差距对本章来说无关要旨，因为无论是1774年，还是1776年，都突破了国家主义学说将1787年至1789年理解为"统一宪政立国"的建国时刻的解释。根据传统的国家主义学说，1776年的《独立宣言》只不过宣布了13个英属殖民地各自分别独立为主权邦国，即便是1781年《邦联条例》也不过是只创设了一个"联合邦国在北美"的对外同盟，只有在1787年宪法得以批准生

---

[46] 转引自 Mark Neely, Jr., *Lincoln and the Triumph of the Nation: Constitutional Conflict in the American Civil War*, p. 43。
[47] 转引自 Fergus Bordewich, *America's Great Debate: Henry Clay, Stephen A. Douglas, and the Compromise That Preserved the Union*, Simon & Schuster, 2012, p. 143。

效之后，各邦才由主权邦变成了至少让渡部分主权的地方州，而且这种让渡是一种不可逆的过程——一经让渡，不可再收回。对于这种正统的解释，约翰·马歇尔曾在1824年吉本斯诉奥格登的判词中有过阐释：

> 有人曾提到在联邦宪法形成之前各邦/州的政治处境。据说，它们都有主权，是完全独立的，只是通过一个联盟（league）才将彼此联系起来。事实确实如此。但是，当这些联合起来的主权将它们的联盟转变为一个政府（government）时，当它们将它们的大使会议（受委托就共同事务进行审议，并且建议具有普遍效用的措施）转变为一个立法机关（授权就最令人关注的事项制定法律），各邦/州所呈现的整个性质就经历了一次转变。[48]

马歇尔曾亲历美国革命—制宪—建国的历史，在联邦党已经解体的时期，他为下一代人提供了更准确的建国史叙述。相比之下，林肯认为合众国各州从未享有主权地位，确实是与史不符。史实正如马歇尔所言，在批准1787年建国宪法之前，原初的十三邦当然有着与生俱来的主权。于是问题来了，我们应当如何理解林肯联邦观的"错误"？生活在一个半世纪后的我们能否给予其一种所谓"同情式的理解"？

---

[48] Gibbons v. Ogden 22 U.S. 1 (1824)，转引自 Akhil Amar, *America's Constitution: A Biography*, p. 39。

首先，我们可以发现，将美国建国追溯至1776年甚至1774年，并不是林肯在阐释美国宪法史时所犯下的唯一错误。如果我们用现代法律科学的标准来检验林肯的解释，就可以发现其在很多地方并不周延。比如，在面对1781年《邦联条例》时，林肯只抓住"永续性"条款，而对"友爱同盟"和"各邦保留主权"的规定置之不理。然而问题在于，我们今天旁观这段一个半世纪前的历史，应当比"只缘身在此山中"的林肯看得更清楚：由于制宪建国本身的不彻底，由于两条路线在早期宪法史上形成了传统之争，林肯的解释无法形成法律形式主义所要求的"科学性"和"中立性"。换言之，在林肯所处的那个当下，如何解读美国早期的宪法史并不是一个以事实为依据、以法律为准绳就能回答出来的问题。我们今天可以一眼发现林肯的"错误"，在此意义上，也是林肯所书写的历史添附在早期宪法史上的错误，正是他在两条路线之间的"定于一"，使美国宪法走上了如今看起来进步的道路，也正是林肯在宪法实践上的成功，促成了他在宪法解释上的"错误"。换言之，林肯的错误，是一个在两百年宪法史的叙事结构内才存在的错误，身处林肯所在的历史十字路口，尚且不能称为错误，因为问题的答案尚不确定。

其次，林肯的宪法解释并不来自以整全融贯为标准的学术场域，而是存在于一个事关联邦共同体生死存亡的政治领域，因此具有回应当下问题的现场感。林肯的听众并没有我们在一个半世纪后的从容和事不关己的超然。对林肯的现场听众而言，他们对比的是林肯总统的解释与另一位"总统"戴维斯的解释。因此，有意义的问题并不是林肯的解释是否符合美国建国的宪法历史，而是林肯有没有回答即将爆发的内战所抛出的核心问题。就此而言，林肯的建国故事也许有他自己的视角偏差，但他关于"各州从未享有主权"的结论，在1861年的历史关头确实是一个正确的解释，至少是比戴维斯所代表的南方道路更正确的解释。

最后，我们还应当思考为什么林肯会形成这种"各州从未有主权，共同体先于宪法"的建国史观。在这个问题上，耶鲁法学院阿玛曾经给出一个颇具说服力的解释：林肯的宪法史观形成于其身处的政治环境，特别是其成长的经历。做一简单的对比，约翰·马歇尔是亲历独立战争的革命者，他来自初建联邦共同体的十三州内最关键的弗吉尼亚。弗吉尼亚无可置疑地先于联邦共同体而存在，因此确实是它同其他十二个邦通过宪法创建了联邦。"但是，从林肯成长的地域来说，他看到的是一个不同的国家及其历史。联邦共同体孕育了林肯的家乡州伊利诺伊以及印第安纳，林肯到达印第安纳时，正值该地从联邦领地成长为州的时刻，此后他在那里度过了少年的大部分时光。正如林肯所见，'共同体先于任何一州；事实上，正是共同体创造了作为州而存在的各州'。"[49] 就此而言，如果说马歇尔的宪法建国史观是原初十三州视角的解释，那么林肯的"共同体先于宪法"命题则是西部领地的宪法史观。

---

[49] Akhil Amar, *America's Constitution: A Biography*, p. 275.

四、林肯的民主观

1. 从共和到民主

民主是个好东西吗？自建国一代人到林肯生活的时代，这个问题的答案经历了缓慢而深刻的转变，这是在讨论林肯的民主观时首先要进入的意识形态语境。在1787年那代人看来，民主是一种邪恶的政体，他们所创建的是一个立宪共和国，而不是纯粹的民主制。"democracy"这个词并没有出现在1787年宪法的正文内，宪法第四条第四款被称为"共和条款"，这一在内战斗争中至为关键但在今天却被人遗忘的条款如是说："合众国保证本联邦各州实行共和政体（republic form of government）。"在建国之父的思想世界，共和与民主是完全不同的两个东西。

而到了19世纪30年代中期，也是托克维尔《论美国的民主》出版的同时期，诺阿·韦伯斯特，《韦氏英语词典》的编纂者，正因席卷共和国的民主浪潮而心生恐惧。韦伯斯特出生于1758年，此时已是近80岁的高龄。他曾经这样告诉身边的助理，如果在美国革命时就可以预知民主在革命后的泛滥，那么他当初就不会参与爱国者的革命事业。更有意思的是，韦伯斯特这位"美国学术和教育之父"甚至设计了多种挽救共和国免于民主暴政的方案，包括将选民的投票年龄提高至45岁；按照年龄和财富将全体选民分为两个阶级，再由每个阶级选出自己在国会的议院。但韦伯斯特原本的醒世恒言，到了30年代却无人问津。这个故事选自《美国民主的兴起：从杰斐逊到林肯》，历史学家威伦茨以此历史片段作为其鸿篇巨制的开篇，想必正是认为这则故事折射了民主概念在代际传承过程中发生的巨变。因不可抗拒之民主浪潮而心生恐惧绝望的，绝不是韦伯斯特一人，而是韦伯斯特那一代人的政治态度。1837年夏，詹姆斯·肯特（生于1763年）——《美国法释义》的编者，"美国的布莱克斯通"——参加了一个老派绅士的聚会，与会者大谈"数人头民主和激进主义"的破坏力。那时候，平民总统杰克逊刚刚结束其八年任期，肯特对"杰克逊主义的恐怖学说及其影响力"可谓心有余悸。在威伦茨看来，肯特这代人正是托克维尔访美时所见那些无法理解民主浪潮的"政治余孽"（political relic）。[50]

而对于林肯这代出生于后革命时代的政治家来说，共和与民主之间的概念差异已被抹平。从林肯的政治演讲中，我们无法感受到前一代人视民主如洪水猛兽般的恐惧，也看不到如何遏制民主浪潮以挽救立宪共和国的药方。正相反，从林肯的演说文本中，我们可以发现，民主与立宪共和在林肯的思维中是完全可以等同的政体设计。1861年7月4日国庆日，林肯向因内战爆发而召开特别会议的第37届国会发表演讲。在演讲中，林肯概括了这场内战向美国乃至全人类的政治社会提出的一个宪法问题，他是这样表述这个问题的："Whether a constitutional republic, or a democracy—a government of the people, by the same people—can, or cannot, maintain its

---

[50] 参见 Sean Wilentz, *The Rise of American Democracy: Jefferson to Lincoln*, W. W. Norton & Company, 2005, p. 4。

territorial integrity, against its own domestic foes."。[51]在这里引用英文原文，首先是借用语法的约定俗成去进入林肯的思想世界，而对这问题所体现的林肯民主观则留待后文解读。从英文的语法结构上，我们至少可以得出两点判断。首先，林肯所理解的民主（democracy），就是"民有并且民治的政府"（government of the people, by the same people），破折号可以清楚表明"民有并且民治的政府"是林肯对"民主"的基本定义。其次，这里更重要的是，林肯用"or"这个连词来连接起"立宪共和国"（constitutional republic）和"民主"，由此可见，立宪共和国和民主这两个概念在林肯的思考中是可以相互替换的，至少是功能等价的。

2. 有限多数决的原则

林肯将民主理解为"民有且民治"，但这并没有回答到底什么是民主的问题，不过是将问题以另一个方式重新表述。如要回答林肯民主观这个问题，还是要回到林肯的经典演说。事实上，同样是在1861年的总统就职演说中，林肯在论证了建国宪法不允许地方单元单方面退出之后，曾盖棺论定地指出"脱离的核心思想本质上就是无政府"。紧接着这一判断，林肯进行了一段隐微的民主论述：

> 一个多数派——首先要受到宪法分权和限权的制约，其次总是可以随着民意和民情的审慎变动而轻松实

---

[51] *The Writings of Abraham Lincoln*, edited by Steven Smith, pp. 337–338.

现轮替——就是自由民族的唯一真正的主权者。谁人否定这一点,谁就必定滑落向无政府或暴政。全体一致是不可能做到的;而少数人统治,作为一种永久性的制度安排,也是完全不可取的;因此,如果否定多数人原则,那么剩下的就只有无政府或者某种形式的暴政了。[52]

如何理解林肯的这段话,我们也许可以从后往前读。首先,在林肯看来,在美国这种"自由民族"的政治生活中,"全体一致"是一个可望而不可即的幻想。换言之,自由社会内必定有意见的冲突,而且要容忍健康的异见。正如麦迪逊在《联邦党人文集》第10篇中所讲,共和体制无法摆脱党争,因为消除党争首先要消灭自由,但若是为了摆脱党争而限制自由,那么就如同为了防止火灾而抽去空气中的氧气一样,是荒唐地为了手段而牺牲目的。既然无法做到全体一致,那么政治过程如何做决策,就是考验民主原则的试金石。在林肯看来,少数人统治是不可容许的。不过也应看到,林肯为"少数人统治"加上了"作为永久性的制度安排"的限定,至少从语义上理解,我们可以得出一种可能性,在某些例外情况下,少数人统治作为一种过渡性的安排是可以允许的。到此为止,林肯用一个否定式的表达给出了自己的结论,既然要有一个人统治人的政府(无政府因此并不可取),同时少数人统治是一种专制主义,那么美国的民主政府要以"多数人原则"为基础。

---

[52] 詹姆斯·麦克弗森:《林肯传》,第129页。

因此，林肯一开始就指出："多数人……是自由民族的唯一真正的主权者。"换言之，民主是一个"多数人说了算"的政体，但林肯的民主观复杂之处在于，即便是根据语言表述的表层含义，我们也可以看到，多数人并不是在任何时候、任何事务上都说了算。林肯在原文中为"多数人"加了两个后置定语，意在为多数人统治这一基本原则施加两个层面的限制，就此而言，林肯所理解的民主（也即立宪共和国）要遵循一种"有限多数决"的原则。第一个限定是"受到宪法分权和限权的制约"（held in restraint by constitutional checks, and limitations），也就是说，多数人并不是制宪权意义上的主权者，要受到宪法的制约，多数人民主的前提是立宪政治。这正体现了林肯将"民主"与"立宪共和国"相提并论的主要根据。在时间维度，宪政是一种源自于过去的约束，是历史上的立宪者对后来每一代人的约束。第二个限定是"总是可以随着民意和民情的审慎变动而轻松实现轮替"（always changing easily, with deliberate changes of popular opinions and sentiments）。现在是多数，并不意味着永远都是多数，多数人并不是僵化不变的铁板一块，随着民意和民情的变化，多数人这个群体也会发生变化。如果第一种限定是来自过去因此不可轻易改变的规范制约，那么第二种限定就是要面向未来而保持开放。当然，健康的民意和民情一方面不可能封闭僵化，另一方面也不可能瞬息万变，如林肯所言，变化应是"审慎的"（deliberate），至于如何测度社会的民意或民情发生了审慎的变化，主要指标就是四年一度的总统选举。在此意义上，总统赢得了选举，也就取得了多数人的政治授命，但这个授权是有期限的——按照美国宪法的规定,为期四年,过期失效。

回到林肯就职演说的语境,此时南北双方虽然已经剑拔弩张,但内战的第一枪还没有打响,"有限多数决"作为民主原则的提出在此时就传达了林肯一手硬、一手软的政治策略。多数人原则首先表达林肯强硬而不妥协的立场:既然他是全国选民选出的"多数"总统,那么南方蓄奴州就要承认自己在选票箱前的失败,现在南方闹退出,就是用子弹来替代选票,[53]是对多数人原则的颠覆。四个月后,当内战正式爆发,林肯也曾对国会讲过,南方宣布退出是将自己变为民主国家的"内部敌人",因此,退出不仅是违宪的,也是对民主的否定,会导向林肯所说的"无政府"。在此基础上,林肯从两个方向上限定多数人原则,目的就在于安抚南方,希望他们冷静下来,三思后行。"内战这种事关根本的关键问题,现在全系于你们的手中,而并非掌握在我手中。联邦政府将不会攻击你们。只要你们自己不做侵略者,则冲突必可避免。"[54]建国宪法是保护奴隶制的,而"多数政府"也无法突破宪法作为先定承诺的约束,这也就意味着林肯曾多次讲过的观点:他既无权也没有意图去干预蓄奴州的奴隶制,

---

[53] 在1861年国庆日对国会的演说中,林肯曾阐释这一观点:"现在应当由我们的人民向全世界表明,他们既然有能力公正地进行一场选举,也就有能力镇压一场叛乱——选票已经继承了子弹,成为政治分歧正当与和平的解决机制;当选票已经做出了它公正且合乎宪法的决定之后,就休想再成功地诉诸枪弹……这是和平的伟大一课;它告诉人们,他们无法通过一场选举取得的东西,也不可能靠发动一场战争就能得到——告诉所有人,做发动战争的罪魁祸首,实在是愚不可及。"詹姆斯·麦克弗森:《林肯传》,第145页。

[54] 同上书,第134页。

既然如此,南方在退出时所主张的"多数人废奴暴政"就是虚伪的,站不住脚。不仅如此,多数人也会随民意和民情而变,任何一届政府都只受到四年的委托,只是在四年内的多数。在就职演说中,林肯曾向南部邦联抛出最后的橄榄枝:"通过我们生活于其中的这个政府设计,美国人民巧妙地仅授予他们的公务人员以微乎其微的破坏权力;而且同样智慧地规定了这一有限授权每隔很短的间隔就要回归人民自己的手中。只要人民可以保持他们的美德和警觉,没有任何一届政府,无论有多么邪恶或愚蠢,可以在短短四年期间对政府体制造成极其严重的伤害。"[55]言下之意,南方只要在共同体内再等四年,完全可以把共和党以及他本人选下去,而不必在眼下诉诸内战这种撕裂共同体的既违宪又反民主的行径。

3. 民主的"致命缺陷"

林肯始终认为,美国的立宪民主政府是一场"试验"(experiment)。建国者成功地建立了民有、民治、民享的人民政府,而在建国者逝去后,当下这代人的任务就是要将他们所继承的政府传承下去,如青年林肯在1838年1月一篇演讲的题目所示,要让"我们的政治制度永世长存"。[56]由此可见,林肯对民主政府生命力的思考总是在一种代际交接的语境展开。在赴华盛顿就职的曲折旅途中,林肯就这样表

---

[55] 詹姆斯·麦克弗森:《林肯传》,第133页。
[56] 同上书,第99—114页。

述他所面对的问题:"这个国家的统一和自由能保持到最后一代人吗?"[57]而那种"比华盛顿当年担负的还要艰巨"的任务,就是"使宪法、联邦和人民的自由传诸永远"。[58]可以说,如何在代际交接的过程中保存联邦共同体,是林肯要探索的保持民主生命力的宪法之道。

之所以要思考民主政府的生命力这个问题,在林肯看来,正是因为内战暴露了立宪共和国的"先天性的致命缺陷"。自青年时代,林肯就认为,共和国作为自由的国家,其危险必定发生于内部:"如果危险真的会降临,那么危险必定发端于我们内部,而不可能来自于国境以外……作为一个由自由人所组成的国家,我们要么就是万世长青,要么就是自杀国破。"[59]而内战就昭示着"自杀"的亡国危险,正是在此意义上,内战向包括美国在内的所有民主国家提出了一个事关生死存亡的宪制问题。1861年国庆日,林肯面对国会议员表述了这个问题:"而这个问题所涉及的不只是合众国共同体的命运。它还向人类的大家庭提出了一个问题:一个立宪共和国,一个民有并且民治的民主政府,是否有能力抵抗它的内部敌人,从而维持其领土的完整。"[60]在葛底斯堡演说中,林肯也特别明确指出,这次伟大的战争所要检验的是,"我们的国家,以及任何孕育于自由并奉行平等原则的国家,是否可能长久存在下去",还是说"民有、民治、民享的政府"

---

[57] 亚伯拉罕·林肯:《林肯选集》,第173页。
[58] 同上书,第177页。
[59] 詹姆斯·麦克弗森:《林肯传》,第101页。
[60] 同上书,第142页。

将会"从地球上消亡"?[61]

在林肯看来,国家是由领土、人民和法律共同组成,而在国家的三元素中,领土是唯一具有持续性的那部分,"一代人逝去,另一代人降临,但土地却永存"。[62]现在南方的政治诉求事实上就是少数人在心怀不满时即可任性地"分疆裂土",若是此先例一开,那么民主政治就将包含着一个不可承受的自我分裂。也是在此逻辑上,林肯敏锐地意识到内战的胜负将决定民主在世界范围的命运。林肯的多数民主理念是否可以成立,取决于联邦军队在战场上的胜负。联邦取得胜利就可以建立一个先例,即少数人连同领土单方面退出联邦,不仅是违反宪法的叛乱,还是任性的、反民主的少数人专制。反之,如果南方取得战场上的胜利,这就意味着少数人将劫持共和政体的主权——只要他们心怀不满,就放弃宪法框架内的抗争,选择踢开宪法闹革命。这不仅是宪政的失败,也是民主的失败,亦将宣告林肯所说的"人世间这最后最美好的希望"[63]不过是梦幻泡影。

"难道一个政府要么就是过于强大,以至于威胁到自己人民的自由;要么就必定太过弱小,以至于无法维系自己的生存?"[64]这是林肯在内战伊始所提出的问题,也是我们今天仍在求索的永恒且普遍的难题。

---

[61] 詹姆斯·麦克弗森:《林肯传》,第161页。
[62] 同上书,第152页。
[63] 同上书,第158页。
[64] 同上书,第143页。

五、林肯的法治观

1. 守法者林肯

林肯在还未当选总统时有过一句名言:"分裂之屋,难以自立。"而梳理林肯关于法治问题的论述,首先浮现的就是林肯也陷入了"守法者"与"违法者"之间的自我分裂,而我们的问题就是这个看起来自我分裂的林肯是否可以自己站立起来。

守法者林肯的法治观,在1838年的《我们的政治制度永世长存》的演讲中有一个完整的阐释。做此演讲时,林肯还未满29岁,刚取得律师资格,面对着斯普林菲尔德青年学会的听众,林肯在演讲中阐释了新形势下的新问题,展示了问题的解决之道。所谓新形势,就是建国者逝去,独立战争的革命经验也渐成苍白的记忆,正是因此,共和国内部出现了暴民政治的问题:人民的眼里越来越没有法律,越来越以粗暴的情感来替代理性的法律。由于法律无法实施,人民不再依恋政府——但在林肯看来,人民对政府的深厚感情,正是后革命时代共和制政府的最坚强堡垒。而林肯所提出的解决之道,一言以蔽之,就是尊重法律,遵守法律,使宪法和法律成为自由民族的政治宗教。

> 让每个美国人,每个自由的热爱者,每一个子孙后代的祝福者,都以革命的鲜血起誓,决不丝毫违反国家的法律,也决不容许他人违反法律。如同1776年的爱国者以行动表明对《独立宣言》的支持那样,每一个美

国人也要用他的生命、财产和神圣的声誉起誓,捍卫宪法和法律——让每一个美国人记住,违反法律,就是践踏父辈的鲜血,就是撕裂他自己的人格以及子女的自由。让每一位美国母亲,对在她膝上牙牙学语的婴儿,灌输对法律的尊重;让法律在小学、中学和大学得到讲授;让法律写进识字课本、缀字课本和历本;让法律在布道坛上布讲,在议会厅内宣讲,在法庭和法院中得到执行。简言之,让法律成为这个民族的政治宗教;让男女老少,富人穷人,各种语言、肤色和阶层的人们在法律的祭坛上献身,永不停息。[65]

如果说以上是林肯动之以情的守法宣言,要以宪法和法律作为后革命时代共和国的理性支柱,那么紧接着还有一段晓之以理的分析。在这段理性分析中,林肯探讨了如何对待"恶法"的问题。在他看来,严守所有法律并不意味着不存在恶法。"虽然恶法——如果确实存在的话——应当尽快加以废除,但当它们仍然生效之时,为了示范起见,恶法还是应当得到忠诚地遵守。"[66] 用现代法律理论的专业术语来说,林肯在这里的法律观是"恶法亦法"。由是观之,林肯不仅是一位守法者,还是一位严格的守法主义者。

---

[65] 詹姆斯·麦克弗森:《林肯传》,第106—107页。
[66] 同上书,第107页。

2. 违法者林肯

但林肯向来背负着违法者的恶名。在四年战时总统任内，林肯有很多史无前例的行为，最著名的包括：取消普通法传统的人身保护令状；在民事法院运转的地区进行军事审判；甚至解放者林肯是否有权发布《解放奴隶宣言》，也是一个众说纷纭的"当代史"问题。根据近期译成中文出版的《宪法专政》一书，林肯在内战伊始所采取的一系列行为"在美国历史上可谓空前绝后"，而且在综合考虑后，"不容否认的是，他确实在推行一系列激进的、专政性的、具有违宪嫌疑的行动"。违法者林肯也因此有了一顶"宪法专政官"的帽子。[67]

不仅如此，林肯甚至亲口承认过自身行为有违宪之处，这也许是后人在历史法庭内指证林肯违法的最有力证供。1864年4月4日，林肯曾在信内这样写道："根据一般法则，生命和四肢都必须得到保护。然而在很多时候，为了挽救生命，不得不把某个肢体切除；但是，如果为了保全肢体而付出生命，就是愚蠢之举。我认为，有些措施，原本是违反宪法的，现在由于它们变成了保护民族并由此保护宪法的必需手段，而变得合法。"[68] 白纸黑字，林肯自己也承认他的有些措施"原本是违反宪法的"，简直不容后世人为其翻案！更何况，林肯建立在这种逻辑上的论述并非一例。在答复塔尼

---

[67] 参见[美]罗斯托：《宪法专政：现代民主国家中的危机政府》，孟涛译，华夏出版社，2015年，第245页。
[68] 当然，林肯紧接着说："对也好，错也罢，我所采取的就是这种立场，现在公开宣布。"亚伯拉罕·林肯：《林肯选集》，第282—283页。

大法官有关人身保护令状的司法意见书时,林肯指出:"把问题说得更直接些,为了防止一部法律受到侵犯,是否必须使这部法律以外的所有法律都无法得到执行,要使政府自身都分崩离析吗?即便是在这种情形内,当我们相信无视这一部法律就有可能保住政府,现在却任由政府被颠覆,这岂不是违背了总统誓词吗?"[69]

无须列举更多,对于熟悉西方现代理论的读者来说,一个施米特意义上的法外主权者的形象已经呼之欲出。在为自己辩护时,林肯首先一反常态地承认自己的行为确实有违形式法律,但在自认违法之后,他很快就引入了另一种合法性的论证资源。换言之,林肯承认他违反了白纸黑字的法律,却也主张自己的违法是为了保全字里行间的法律,这看起来"非常施米特"。这种逻辑就是,内战使国家进入了生死存亡的例外时间,宪法乃至国家随时都可能土崩瓦解,此时就应该悬置宪法,至少不能让宪法成为束缚政府打击敌人之手脚的紧身衣。而在此危急时刻,最重要的法律义务就是保存国家和宪法,形式上的法律应当让位于因果关系的必然法则。正如林肯在答复为何他有权解放黑人奴隶时所言:"作为陆军和海军的总司令,在战争时期,我认为我有权采取可以最有效地克敌制胜的任何措施。"[70]换言之,只要可以克敌制胜,做任何事都是合"法"的。

---

[69] 詹姆斯·麦克弗森:《林肯传》,第144页。
[70] 亚伯拉罕·林肯:《林肯选集》,第240页。

3. 在实践中的统一

为什么会出现前述两个林肯？第一个林肯是虔诚的守法主义者，主张即便是如奴隶制这样的恶法——只要仍是法律——也应当得到遵守；第二个林肯则是结果至上的实用主义者，认为在国家危急之时，在形式法律之上和之外还有保全共同体所必须遵循的"必然法则"。两个林肯之间的紧张并非我们后世学者"为赋新词强说愁"，而且严肃的学者也不能以林肯对法治"口惠而实不至"这种肤浅的理由回避问题。

在如何理解林肯的法治观这一问题上，学者长期以来形成了两种破题的思路。第一种思路并不遮掩林肯这位伟大的总统是一位违法者，甚至承认林肯的许多战时作为是无法无天的，但真正的问题是"那又如何"（so what），换言之，林肯的违法者形象并未将他从美国宪法文化的神坛上请下来。第二种思路是施米特主义的，根据这种解释，林肯违反的只是作为形式和手段的法律，以此为代价，林肯所遵循并且最终保全的是作为实质和目的的法律。正如林肯所言，"国家若是失去了，宪法是否还能得到保存？"。[71] 以上两种思路看起来存在于不同的合法性理论脉络，但如果回到美国早期宪法文化的语境理解林肯，它们的深层逻辑却是一致的，都是将林肯所面对的这部宪法理解为形式主义的法律——只要通过科学、中立、客观的方法就可以得到正确答案的法律。在此意义上，施米特主义的林肯形象特别隐藏着一种形式主

---

[71] 亚伯拉罕·林肯：《林肯选集》，第282页。

义的法律观。但问题在于，施米特的理论虽然为现代学者提供了一个可以贴在林肯身上的标签，但这种信手拈来的标签却遮蔽了在林肯身处的宪法传统中法治的复杂性，并没有充分挖掘林肯这个宪法现象所能提供的理论意义。在此，本章不揣浅陋，愿做抛砖引玉的思考。

首先，即便林肯的战争行为确实带有施米特意义上的形式违法性，但林肯的战争行为以及他本人所提供的正当性说明，在早期宪法史中也有一个清晰可见的脉络。联邦党人的费城制宪行为本身就是违反形式法律的，因此美国宪法秩序从其诞生之初就内含破坏性的基因，麦迪逊在《联邦党人文集》第40篇就这样写过："在既存政府的所有重大变革中，形式应该让位给实质；在此类情形中，僵化地死守形式，那么人民宝贵的至上权利——'当发现政府完全可能影响他们的安全与幸福之时，废止或改变他们的政府'——就成为了有名无实的空头支票。"面对宪法草案反对派对费城会议违法性的苛责，麦迪逊这样回应："设计的蓝图，将要提交人民自己这个最高的权威，如果人民不批准，宪法草案就此完结；如果人民批准,那么此前的错误和违规,就此一扫而光。"可以看到，宪法之父即便是在为新宪法正名，所使用的也并不是纯粹形式合法性的理论资源，麦迪逊对费城会议在形式上的"错误和违规"（errors and irregularities）从不掩饰。[72] 1803年，就在被许多学者奉为美国宪政之开端的马伯里诉麦迪逊案发生的那一年，素以严格解释宪法而著称的杰斐逊总统做出了"路

---

[72] Alexander Hamilton, James Madison, & John Jay, *The Federalist*, pp. 259-260.

易斯安那购买"的决断。而在1810年,刚卸任总统的杰斐逊在私人信件内这样为"路易斯安那购买"正名:

> 严格遵守成文法无疑是每位良好公民的崇高义务,但它并不是最高的义务。绝境之法、自我保存的法则、在危机之际挽救我们国家的法律,是更重要的义务。因为对成文法律的亦步亦趋,而失去我们的国家,其实是失去法律本身以及生命、自由、财产……因此是荒唐地为了手段而牺牲目的。[73]

我们引用杰斐逊的话,并不是要通过杰斐逊去证明林肯,而是为了简单勾勒林肯生活于其中的宪法文化传统。更重要的是,正如林肯本人参考韦伯斯特、杰克逊和克莱的宪法解释经典来起草自己的就职演说,林肯也自觉地体认到杰斐逊对自己的启发。1854年,林肯就说过:"杰斐逊看到了我们的政府在处理密西西比河整个流域时所面对的必要;虽然他承认我们的宪法并没有授权领土购买的任何条款,然而他认为,情况的紧迫性将证明这一措施,因此做出了购买的决定。"[74] 由是观之,在美国早期宪法史内,林肯这位将国家主义路线写入宪法,奠定美国新宪法秩序之基础的历史终结者,竟然同州权学说之源头的杰斐逊之间存在如此隐秘的对话,由此可见早期宪法文化所具有的包容性。在这种宪法文

---

[73] 托马斯·杰斐逊:《杰斐逊选集》,第595—596页。
[74] 转引自 Mark Neely, Jr., *The Fate of Liberty: Abraham Lincoln and Civil Liberties*, p. 218。

化内,林肯并没有感受到现代法学者所预设的形式违法与实质合法间的巨大紧张。

而且,即便从法律解释的角度来看,林肯也确实是美国最有权力的总统之一,程度至少前无古人,但这并非就意味着林肯是在突破宪法甚至抛开宪法而执政。如宪法第二条规定,总统在就职时应做如下宣誓:"我庄严宣誓我定忠实执行合众国总统职务,尽所能维护、保护和捍卫合众国宪法。"在林肯的理解中,他的战争行为正是他"维护、保护和捍卫宪法"的职务行为。更准确的理解是,这部建国宪法为林肯的战时大扩权提供了内在于文本的解释空间:并不是林肯突破了宪法,而是林肯最大程度地利用了前十五届总统都未能充分运用的宪法授权。[75]

而这种对林肯扩权的解读,在早期宪法史的解释性经典中也能找到文本印证。在1819年的美国银行案中,约翰·马歇尔这位转业进了法院的革命军人写道:"宪法旨在承受漫长岁月的考验,因此必须适应人类事务的各种危机。"因此一部诞生于危急时刻并为未来危急时刻准备着的宪法,必定是一部包含着充分解释弹性空间的文本。不仅如此,马歇尔对宪法规范与政府权力之间的关系也表现了一种不同于现代法律人的思路:"在广袤的共和国内,从圣克罗伊岛到墨西哥湾,从大西洋到太平洋,政府将征缴并且支出岁入,调遣同时给养军队。民族危急关头可能要求北款南调、西税东

---

[75] Michael Stokes Paulsen, "A Government of Adequate Powers", 31 *Harvard Journal of Law & Public Policy*, pp. 991–1004 (2008); "The Emancipation Proclamation and the Commander in Chief Power", 40 *Georgia Law Review*, pp. 807–834 (2006).

流……难道我们的宪法解释应当让这些运作变得困难、危险和昂贵?"[76]从马歇尔的判词至少可以看出,宪法规范诚然有约束政府权力的一面,但也不可否认其在参与美国早期现代国家构建中所承担的功能。最后,我们还应看到,关于何为合宪的判断,美国早期宪法史中存在着一种完全不同于现代法的尺度,"假如目的是正当的,处于宪法的范围之内,那么所有适当的手段——只要与目的之间存在关联,只要不被禁止,而是和宪法的文字与精神相一致,就都是合宪的"。[77]马歇尔的合宪性标准或许会让现代学者痛感内战前美国的"不法治",但无论如何,这都是林肯所继承的宪法传统,这种宪法文化塑造着他思考宪法问题的方式,乃至发现并提出问题的方式。

如果全盘观察林肯的宪法行动,我们也应看到,他虽然没有荒唐地为了手段而牺牲目的,任由成文宪法束缚自己镇压内部敌人的手脚,但林肯也没有简单地主张合宪的目的即可以证明所有原本违法的手段。在形式与实质之间,林肯表现了一位伟大的政治舵手所需的平衡和审慎。就此而言,即便是在策略意义上,林肯也要始终谨守总统"维护、保护和捍卫宪法"的文本授权,在建国宪法以及早期宪法文化的传统内谋取战时扩权的理论资源。事实上,没有人会比林肯更切身体会到,若是他真的成为建国宪法的悬置者,那么这场战争就将成为无源之水,并且陷入一种无法自圆其说的吊诡

---

[76] McCulloch v. Maryland, 17 U.S. 316 (1819).
[77] Ibid.

处境：战争是为了镇压内部敌人从而保存宪法和国家，但现在为了战争的胜利，却首先要悬置这部作为战争之目的的宪法。没有一个成熟的政治家会这样将道德高地拱手让给政治和战场上的对手，林肯当然更不会。

六、"林肯"：一种进入美国宪法史的方法

1. 林肯的"三观"能合为一体吗

林肯只有一个，联邦、民主和法治只是本章所设定的进入林肯宪法世界的三个维度，"三步走"的叙述结构首先是为了分析上的便利。但问题并不因此而自动消解，反而在行文至此时显得更加紧要。林肯是否有一个内核，我们前述的三个维度只不过是这个内核在三个面向的展示？或者说，对林肯而言，在具体的宪法解释之上，是否还存在着根本法，林肯所有的宪法言行都可以在此根本法的逻辑上得到统一融贯的解释？更简单地说，林肯——如果是一只"刺猬"——那么什么是他所知道的"一件大事"？这个问题非常重要，但至此却不难回答，林肯的内核、根本法、所知的那件大事，就是"保存联邦共同体"。

林肯解决了1776年至1787年的建国者遗留在宪法文本内的两个根本问题。第一，林肯解放了黑人奴隶，实现了自由的新生；第二，林肯在捍卫、守护的同时也改造了联邦共同体，将一个复数的联邦变成了统一不可分裂的国家。正是在共和国的林肯时刻，内战前绵延不断的激进州权学说失去了政治生存的土壤，当然，州权主义的传统在内战后并未完

全覆灭，只要一有机会总是会借尸还魂。但在林肯之后，州权学说已经失去了它在漫长建国时刻所具有的那种事关生死存亡的危险破坏力，不再可能对根本性的宪制结构造成冲击乃至使其瓦解。[78]林肯挽救了联邦，在挽救的过程中也在宪法上再造了联邦共同体，如同他在自己的第一次就职演说中不断援引的，林肯毕生的宪法功业就在于建立了"一个更完善的联邦"，在这一线索内，林肯与建国之父高度统一。林肯曾亲笔写道："在这场斗争中，我至高无上的目标就是要拯救联邦共同体，而不是保全奴隶制或摧毁奴隶制。如果我可以拯救联邦而不需解放任何一个奴隶，我愿意这么做；如果为了拯救联邦就需要解放所有的奴隶，我也愿意这样做；而如果为了拯救联邦需要解放一部分奴隶，而保留另一部分奴隶，我同样愿意这样做。"[79]正是在"拯救联邦共同体"这个根本法则的逻辑上，我们才能发现林肯上述三个维度的融会贯通。

首先，当林肯同南方分裂分子就何为联邦展开针锋相对的论争时，他们所讨论的问题也就是"共同体为何"。在内战前的宪法实践中，"federal"并不是一个分权问题，而是事关共同体性质的根本法问题，而我们所讲的"federalism"，更多的是早期国家建构的政治策略和技艺。就此而言，我们需要从美国早期宪法史的实践中挽救"federal""federalism"以及"federal union"这些概念。

---

[78] Sanford Levinson, "Twenty-First Century Rediscovery of Nullification and Secession in American Political Rhetoric", 67 *Arkansas Law Review*, pp. 17–80 (2014).
[79] 亚伯拉罕·林肯：《林肯选集》，第 237 页。

在美国早期宪法史上,联邦党人首先是主张中央集权的政治家,制宪是为了"形成一个更完善的联邦共同体",是要建设一个更强大的中央政府,将美国建成一个汉密尔顿所向往的欧洲模式的"财政-军事国家"。面对此任务时,联邦主义就是联邦党人"有所不为,而后才能有所为"的国家建设的技艺。[80] 当林肯在讨论联邦制时,他所讨论的就是共同体的宪法构成和结构问题,而他所阐释的"共同体先于宪法"的宪制历史叙事,也成为在内战中保家卫国的强有力武器。

林肯所理解的民主要落实到一种有限的多数人统治。首先,多数人说了算;但任何一个当下时刻的多数人,一方面要受到来自过去的宪法规范的约束,另一方面也要立基于未来选举所表达的民情民意。作为内战总统,林肯始终要直面民主政体的"致命缺陷"——只要当下的少数人可以在不满多数人统治时任性地退出,那么共和国就无法自立,始终面临"内部敌人"颠覆的危险。正因此,葛底斯堡演说的主旨就是战场上的胜负将决定美国以及任何共和国的政治命运,在战士的牺牲和鲜血之上形成了美国宪法乃至任何共和国宪法的根本规则(无论是否可见于文本):不得脱离。

而在法治问题上,守法者和违法者的对立,也只有在保卫联邦共同体这一根本法之上才能得到统一。1838年,未及而立之年的林肯呼吁要尊重法律,将法律视为美国人的政治

---

[80] 1787年宪法与"财政-军事国家"的建设,参见 Max Edling, *A Revolution in Favor of Government: Origins of the U.S. Constitution and the Making of the American State*, Oxford University Press, 2003。

宗教，这是为了在建国者逝去之后找到共和国的新立国之本。而当林肯成为一个正在分裂的国家的政治舵手时，他仍始终坚守着"维持、保护和捍卫宪法"的就职誓词。如前述，施米特不是林肯总统的宪法顾问，为林肯贴上施米特的标签，只不过是一种思考的懒惰。林肯的宪法解释始终发生在现实政治的场域，这就要求我们回到美国早期宪法文化的语境去发现林肯，从现有的各种理论潮流中去挽救林肯。

就此而言，本章迈出了一步，但只是一小步。

2. 以林肯为方法重审早期宪法史

本章的讨论，如标题所示，就是希望在美国早期宪法史的语境中"找回林肯"，这主要表现为一种"从森林到树木"的视角。在本章即将结束时，我们能否反转视角，提出一个可供研讨的问题：如果用林肯作为进入美国早期宪法史的姿态、立场和方法，能否丰富我们对美国宪法史的认识？

根据林肯在葛底斯堡演说中所用的美国历史"纪元"，美国早期宪法史跨越了"八十七年"的时间。就此而言，美国早期宪法史非常漫长。站在一个半世纪之后，我们很容易将这八十七年的宪法史简化为弹指一挥间的某种"时刻"。而且，如果在传统的以法院为中心的宪法史叙事内，这八十七年的历史更只是"自马伯里案以来"司法审查一经创造旋即陷入停滞的黑暗历史。但如果我们以林肯为方法重新理解这"八十七年"的历史，这就是一段跨越三代人的漫长历史。由于建国尚未成功，三代政治家展开了一场又一场政治博弈、斗争和妥协，其丰富多彩和惊心动魄之程度远非林肯之后的宪法史所能相提并论。

美国早期宪法史虽然"漫长",但并不因此而"苍白"或"空旷",它是一段长达八十七年的"拥挤"历史。我所说的"拥挤"感最鲜明地体现在小亚当斯身上。小亚当斯（1767—1848）在1825年至1829年担任美国总统,是美国第二代政治家的代表人物。他曾陪同父亲约翰·亚当斯在建国时代出使欧洲,与富兰克林和杰斐逊在欧洲谈笑风生,而在卸任总统后,小亚当斯以马萨诸塞州众议员的身份重返国会,年轻的同事里就有来自伊利诺伊州的林肯。小亚当斯的政治人生不可谓不精彩,而他个人的政治生命中之所以会有如此多的因缘际会,也归因于这种特有的代际政治所造就的"拥挤"的宪法史。[81]

正是这种既"漫长"又"拥挤"的宪法史,才形成前述的"以斗争求团结"的宪法文化。宪法的团结功能,主要体现在宪法在建国者逝去后成为了林肯所讲的"政治宗教"以及共和国政治的"坚强堡垒"。在早期政治发展中,这部建国宪法成为控制党争不逾矩的根本法,也是两种路线在斗争之际共同诉诸并因此互相认同的"我们的法律"。但宪法如要成为团结的旗帜,那必定不能是僵死的。建国宪法若要在一个多元而且剧变的社会内成为我们共同的法律,就要有与时俱进的弹性,要有面向未来的开放性,要提供一个在宪法秩序内竞争和妥协的规范空间。正是这种"以斗争求团结"的宪法

---

[81] Charles Edel, *Nation Builder: John Quincy Adams and the Grand Strategy of the Republic*, Harvard University Press, p. 6.

文化孕育了林肯这位伟大的释宪者。

当林肯在1865年4月15日告别人世时，如战争部长斯坦顿所言："现在，他属于千秋万代。"林肯终结了美国的早期宪法史，接续了建国者所奠基的宪法秩序，开启了一个可以称之为"林肯之后"的新宪制时代。对于每一个今天的美国人而言，他们都生活在由林肯创造的宪法秩序内，建国宪法的根本原则都必须融入林肯秩序内才可能贯通。不仅美国，甚至每一位现代共和国的政治公民，也都生活在林肯的宪法遗产内。这位政治舵手带领美国这个宪法共同体度过内战的危机，由此回答了"共和国何以与世长存"的宪法道理。

林肯已逝，林肯不朽。

参考文献[1]

历史文献类[2]

The *Declaration of Independence*, July 4, 1776.

The *Constitution of the United States*, 1787.

James Madison, Vices of the Political System of the United States, Apr, 1787.

Alexander Hamilton, James Madison, & John Jay, *The Federalist*, 1787-1788.

Alexander Hamilton, Opinion on the Constitutionality of the Bank, February 23, 1791.

George Washington, Farewell Address, September 17, 1796.

Virginia and Kentucky Resolutions, 1798.

Thomas Jefferson, First Inaugural Address, March 4, 1801.

Marbury v. Madison, 1803.

Report and Resolutions of the Hartford Convention, January 4, 1815.

McCulloch v. Maryland, 1819.

---

[1] 本部分所列参考文献，基于但不限于本书正文注释内所出现的各类资料，有些构成本书写作思想背景的文献和作品，也择其要者列入，在此意义上，本部分亦可为这一领域的初学者提供基础的研读目录。

[2] 历史文献类收录美国早期宪法史上事关宪法问题的经典文献，以年代为序，这部分文件属于"传世文献"，故未标明版本和出处，对相关历史阶段或议题感兴趣的读者，可以自行检索并阅读。

James Monroe, Message to Congress, December 2, 1823.

Gibbons v. Ogden, 1824.

Daniel Webster, The First Bunker Hill Monument Oration, June 17, 1825.

John Quincy Adams, First Annual Message to Congress, December 6, 1825.

Daniel Webster and Robert Hayne, the Webster-Hayne Debates, January, 1830.

John Calhoun, Fort Hill Address, July 26, 1831.

Andrew Jackson, Bank Veto Message, July 10, 1832.

Daniel Webster, Speech on Jackson's Veto of the United States Bank Bill, July 11, 1832.

Andrew Jackson, Proclamation to the People of South Carolina, December 10, 1832.

Abraham Lincoln, Lyceum Address, January 27, 1838.

Prigg v. Pennsylvania, 1842.

Henry Clay, John Calhoun, and Daniel Webster, Debate on the Compromise of 1850, February-March, 1850.

Dred Scott v. Sanford, 1857.

Frederick Douglass, The Constitution of the United States: Is It Pro-Slavery or Anti-Slavery? March 26, 1860.

Abraham Lincoln, First Inaugural Address, March 4, 1861.

Abraham Lincoln, Gettysburg Address, November 19, 1863.

Abraham Lincoln, Second Inaugural Address, March 4, 1865.

以下三种为单卷本文集，分别收录了詹姆斯·麦迪逊、约翰·马歇尔和亚伯拉罕·林肯的重要文件，也是本书写作时重点参考的材料。

James Madison Writings, The Library of America, 1999.

John Marshall Writings, The Library of America, 2010.

The Writings of Abraham Lincoln, Yale University Press, 2012.

学术著述类

王希:《原则与妥协:美国宪法的精神与实践》(增订版),北京大学出版社,2014年。

张千帆:《西方宪政体系:美国宪法》,中国政法大学出版社,2000年。

任东来、陈伟、白雪峰:《美国宪政历程:影响美国的25个司法大案》,中国法制出版社,2004年。

[英]柏克:《法国革命论》,何兆武等译,商务印书馆,2010年。

[美]詹姆斯·麦迪逊:《辩论:美国制宪会议记录》,尹宣译,译林出版社,2014年。

[美]亚历山大·汉密尔顿、詹姆斯·麦迪逊、约翰·杰伊:《联邦论》,尹宣译,译林出版社,2010年。

[美]亚伯拉罕·林肯:《林肯选集》,朱曾汶译,商务印书馆,2010年。

[美]詹姆斯·麦克弗森:《林肯传》,田雷译,中国政法大学出版社,2016年。

[美]埃尔斯特、[挪]斯莱格斯塔德:《宪政与民主:理性与社会变迁研究》,潘勤、谢鹏程译,生活·读书·新知三联书店,1997年。

[美]埃里克·方纳:《给我自由:一部美国的历史》,王希译,商务印书馆,2011年。

Bruce Ackerman, *We the People: Foundations,* Harvard University Press, 1991. ([美]布鲁斯·阿克曼:《我们人民:奠基》,汪庆华译,中国政法大学出版社,2013年。)

Bruce Ackerman, *We the People: Transformations*, Harvard University Press, 1998. ([美] 布鲁斯·阿克曼:《我们人民:转型》, 田雷译, 中国政法大学出版社, 2014年。)

Akhil Amar, *America's Constitution: A Biography*, Random House, 2006.

Akhil Amar, *America's Unwritten Constitution: The Precedents and Principles We Live By*, Basic Books, 2012.

Akhil Amar, "Intratextualism", 112 *Harvard Law Review*, pp. 747-827 (1999).

Jack Balkin, *Living Originalism*, Harvard University Press, 2011.

Alexander Bickel, *The Least Dangerous Branch: The Supreme Court at the Bar of Politics*, 2nd edition, Yale University Press, 1986.

Philip Bobbitt, *Constitutional Fate: Theory of the Constitution*, Oxford University Press, 1984.

Robert Bork, *Slouching towards Gomorrah: Modern Liberalism and American Decline*, Harper Perennial, 2003.

Catherine Drinker Bowen, *Miracle at Philadelphia: The Story of the Constitutional Convention May to September 1787*, Little Brown & Co., 1986.

Paul Brest, et al., *Processes of Constitutional Decision-Making: Cases and Materials*, Aspen, 2006. ([美] 布莱斯特等:《宪法决策的过程》, 张千帆等译, 中国政法大学出版社, 2002年。)

Robert Cover, "Nomos and Narrative", 97 *Harvard Law Review*, p. 4 (1983).

John Hart Ely, *Democracy and Distrust: A Theory of Judicial Review*, Harvard University Press, 1980.

Noah Feldman, *The Three Lives of James Madison: Genius, Partisan, President*, Random House, 2017.

Daniel Farber, *Lincoln's Constitution*, University of Chicago Press, 2004.

Eric Foner, *The Fiery Trial: Abraham Lincoln and American Slavery*, W. W. Norton & Company, 2011.

Jonathan Gienapp, *The Second Creation: Fixing the American Constitution in the Founding Era*, Harvard University Press, 2018.

Daniel Walker Howe, *What Hath God Wrought: The Transformation of America, 1815-1848*, Oxford University Press, 2009.

Alison LaCroix, *The Ideological Origins of American Federalism*, Harvard University Press, 2010.

Alison LaCroix, "The Constitution of the Second Generation", 2013 *University of Illinois Law Review*, p. 1775 (2013).

Sanford Levinson, *Constitutional Faith*, Princeton University Press, 1988.

Paul Kahn, *Political Theology: Four New Chapters on the Concept of Sovereignty*, Columbia University Press, 2011.

Larry Kramer, *The People Themselves: Popular Constitutionalism and Judicial Review*, Oxford University, 2004.（[美]拉里·克雷默：《人民自己：人民宪政主义与司法审查》，田雷译，译林出版社，2010年。）

Anthony Kronman, *The Lost Lawyer: Failing Ideals of the Legal Profession*, Harvard University Press, 1995.

Gerard Magliocca, *Andrew Jackson and the Constitution: The Rise and Fall of Generational Regimes*, University Press of Kansas, 2007.

Pauline Maier, *Ratification: The People Debate the Constitution, 1787-1788*, Simon & Schuster, 2010.

Frank Michelman, "Law's Republic", 97 *Yale Law Journal*, pp. 1493-1538 (1988).

Merrill Peterson, *The Great Triumvirate: Webster, Clay and Calhoun*,

Oxford University Press, 1981.

David Potter, *The Impending Crisis, 1848-1861*, Harper Perennial, 2011.

H. Jefferson Powell, "The Original Understanding of Original Intent", 98 *Harvard Law Review*, p. 885 (1985).

Jack Rakove, *Original Meanings: Politics and Ideas in the Making of the Constitution*, Vintage Books, 1996.

Jed Rubenfeld, *Freedom and Time: A Theory of Constitutional Self-Government*, Yale University Press, 2001.

Antonin Scalia, *A Matter of Interpretation*, Princeton University Press, 1997.

Cass Sunstein, "Constitutionalism and Secession", 58 *University of Chicago Law Review*, pp. 633-670 (1991).

Gordon Wood, *The Creation of the American Republic, 1776-1787*, University of North Carolina Press, 1998.

Gordon Wood, *Revolutionary Characters: What Made the Founders Different*, Penguin Press, 2006.

Gordon Wood, *Empire of Liberty: A History of the Early Republic, 1789-1815*, Oxford University Press, 2009.

Keith Whittington, *Political Foundations of Judicial Supremacy: The Presidency, the Supreme Court, and Constitutional Leadership in U.S. History*, Princeton University Press, 2009.

致　谢

本书共五章，前言是为本书专门所写，首次发表。主体四章此前曾以不同版本发表于《中外法学》等学术期刊，收入本书时做了较大篇幅的修改，既有遣词造句的调整，也有谋篇布局的变更。虽然发表时间有先后，但这四篇文章从一开始就出自一个完整的写作计划和框架。自读研究生开始，我就进入了美国宪法研究的领域，这些年来，无论求学、治学，还是教学，都得益于许多师友的指导和帮助，其中尤其要感谢布鲁斯·阿克曼教授、强世功教授、王绍光教授和张千帆教授。

能在三联书店出版自己的著作，对我而言，是特别有成就感的一件大事。感谢甘阳教授的信任，他数年前就同意将此书收入"文化：中国与世界"新论系列。感谢三联书店舒炜老师、冯金红老师对我的信任和鼓励，感谢王晨晨在本书编辑过程中所付出的辛劳，还要感谢老朋友刘海光的帮助。感谢李开元教授、王希教授，他们的著述曾从不同方面启发了本书的思考，能得到他们的推荐肯定，也是我的荣幸。

2020 年 10 月 3 日